新潮文庫

反哲学入門

木田 元著

新潮社版

8960

まえがき

三年近く前に、人間ドックでガンが見つかり、胃を半分切りとる手術をしました。三ヶ月間入院して、退院後も一年近く療養生活を送りましたが、ようやく人心地がついてきたころ、新潮社の旧知の編集者の風元正さんが幾度か遊びにきてくれました。あれこれ雑談をしているうちに、風元さんが、インタビューで一冊本をつくりましょうよと言い出しました。「哲学の本はいくらやさしく書いてもらっても、一般読者にはむずかしい。ぼくがいろいろ質問しますから、それに適当に答えてください。そのテープを起こして原稿をつくりますから、それに手を入れてもらって、一冊つくりましょう。一つの実験だと思ってやってみてください」という注文です。

たしかに、インタビューのテープを起こしたものをそのまま活字にできるような話のうまい人を、わたしも幾人か知っています。しかし、わたしのような口下手にそんな芸当ができるとは思われません。だが、抵抗するほどの気力もないままに生返事《なま》をしていると、気のはやい風元さんの話はどんどん進んでしまい、一回二時間くらいのインタビューを何回かする計画が立てられました。

わたしのところは、家中病室のようになっているので、近所の親しい喫茶店を使わせてもらうことにして、風元さんが月に一度くらい、若い相棒の編集者足立真穂さんと一緒にきてくれるというのです。哲学のことなどなにも知らないその足立さんに聞かせるつもりで話してください、ということになりました。おしゃべりは嫌いではありませんから、訊《き》かれるままに話をしているうちに、それが何回分か原稿になって出てきはじめました。

そのころになって突然風元さんが、これを二〇〇六年六月号から新潮社の『波』という雑誌に連載しますと宣言しました。風元さんにリードされるままに話をしてきたので、いったい話がどこへ向かっているのか、どこまできたのか、うまく見当もつかずあわてましたが、仕方がありません。つくってもらった原稿に手を入れたり、かなり書き足したりしながら連載をはじめ、それが二〇〇七年八月号まで十五回にも及びました。予定の分量はとっくにオーヴァしていたようですが、それにさらに一章分話し足してできたのが本書です。

むろん、ずいぶん書き足し書きなおししたので、風元さんがはじめに考えていたような分かりやすいものにはなっていないでしょうが、それでもはじめから書いたものに比べると、かなり分かりやすいかもしれません。しかし、その分話が粗雑になっていると思いますから、やはり一長一短です。

わたしは「哲学」を勉強し、大学でも「哲学」を教えてきたわけですが、以前から自分のやっている思考作業は、「西洋」という文化圏で伝統的に「哲学《フィロソフィ》」と呼ばれてきたものの考え方とは、決定的に違うところがあると思っていました。よく日本には哲学はなかったと言われますが、わたしもそう思いますし、哲学がなかったということを別に恥ずかしいことだとは思いません。「哲学」というのは、やはり西洋という文化圏に特有の不自然なものの考え方だと思うからです。

ですから、自分のやっていることは、強いて言えば、そうした「哲学」を批判し、そうしたものの考え方を乗り越えようとする作業ではないかと思い、それを「反哲学」などと呼ぶようになりました。

そして、考えてみると、欧米の思想家でも、十九世紀末のニーチェあたりからこっちの思想家たちの思想的営みも、わたしの言うような意味での「哲学批判」「反《アンチ・フィロ》哲学《ソフィ》」であるように思われますし、実際にそう言っている人たちもおります。

この本も、結局はそうした立場から、いわゆる哲学の歴史をふりかえって、いったい哲学とはなんであったのかを考えてみる試みということになりそうですが、その意図がどれだけ達成され、それがどこまで分かっていただけるものになったか、これは読者の方々の判断におまかせするしかありません。

なお、欧米の哲学者の本からの引用に際して、適当な邦訳があるばあいには、読者の便宜を考えて、その書名や訳者名や出版社名を挙げましたが、訳語や表記の統一をはかるために訳文は借りていません。たいていは、わたし自身の訳文を使っています。むろん参照にはさせていただきましたから、邦訳者の方々にお礼とお詫《わ》びを申し上げます。

反哲学入門●目次

反哲学入門

第一章　哲学は欧米人だけの思考法である

死に直面して

お久しぶりです。常日ごろ、死んだらそれきりだと考えていますが、こうして再会して話をすると、別の感慨がわいてきますね。

わたしが胃の手術を受けたのは二〇〇五年の一月です。人間ドックでガンが見つかり、胃を半分切り取って、目下少しずつ恢復《かいふく》中というところです。決まった時間に薬を飲まなければならないのと長時間の外出の難しいことが面倒ですが、日常生活にはあまり差しつかえありません。

死に直面して、死生観に変化はあったか、と訊《き》かれますが、結論から先に申し上げると、わたしのばあい、考えていることが変わるというほどのことはありませんでした。病気について、あんまり真面目《まじめ》に考えぬいたりしないからでしょうかね。もう亡《な》くなられましたが、ガンの手術のあと、すばらしい小説を何篇も発表された日野啓三《けいぞう》さんはみごとでした。わたしとは、病気のレベルがだいぶ違っていたのかもしれませんね。

日野さんのばあいは、外国旅行にいこうとして、古巣の読売新聞の診療所で検査を受けたらガンが見つかり、すぐ入院して手術を受けたのでした。あれあれ、あまりわたしのケースと違わないか……。けれども、やはり、感じ方が真面目か不真面目か、という違いがあるように思います。日野さんは、病気を真正面から受けとめたという印象がありますね。

「断崖《だんがい》にゆらめく白い掌《てのひら》の群」という、手術から一年ほどたって発表された短篇に、「どうしてこの世界に死というものがあるのか。親しいものたちとの無残な別れが避けられないのか、その答は言い難く答え難い。言い難いからこそ言わねばならない。それはコミュニケーションの手段としての言葉と次元を異にするいわば新しい言語経験である」というくだりがあります。病気を機にしてこうした認識をうるというのは、やはりすごいことだと思います。

同じ短篇に、手術直後に見た幻想が描かれています。「自分の意識水準がどれほど低下しようと、狂おうと、世界は常にまともに存在している、のではないのだ。世界もまた狂うのである。高層ビルが森と重なり、テレビ塔が中途から切れている。眼下の旧病棟の壁を自動車が平気で通り抜けてゆく、という風に切れ切れに落下してくる不完全な視像が残像を残す」と。自分とひきくらべてみると、見るもの感じることが、ずいぶん違います。

わたしは五十歳のころに、一度、急性膵炎《すいえん》で死にかかったことがあります。出先で痛みはじめ、救急車で厚生年金病院に運びこまれたのですが、とてつもなくお腹《なか》が痛いのに放っておかれた。そのときは、子どものころから何度もやったことのある胃痙《けい》攣《れん》だと思っていたし、モルヒネを打てば痛みがとまるということは知っていたので、医師にたのむのだけれど、中毒患者がよく救急車で運びこまれて薬を手に入れようとするらしくて、ぜんぜんかまってくれない。

こっちが、ウワゴトのように、モルヒネ、モルヒネと繰りかえしていたのでかえって怪しまれたのかもしれません。七転八倒して苦しんでいるのにまったくかまってもらえず、ああ、こうやって死ぬんだな、と思いました。

しかし、わたしがそのとき苦しみながら考えていたのは、ああ、あの歌いい歌だったけど、とうとう覚えないでしまったな、ということでした。

あとから思い出してみると、どうやら「ふきのとう」というフォーク・デュオが唄《うた》っていた「白い冬」という歌だったようです。少し前に流行《はや》った歌でした。

あとになって、われながら、生死の境でよくこんな下らないことを考えるものだとあきれましたね。

今回の手術でも、日野さんのように、自分の生涯を改めて受けとめ直すというような心境には、まったくなりませんでした。家内から、身辺整理をしたらどうかともよく言われますが、全然そんな気にならない。哲学者だから、生死の境に立てばなにか考えるだろうと期待されるかもしれないけれども、世のなかそう都合よくはいきません。

だいたい、ほんとうに肉体的に苦しい時には、生死の問題のような抽象的なことを考えている余裕はありません。ものが食べられないとか、治療のためにムリしても食べなければいけないとか、眠れないのに眠らなくてはいけないとか、考えるのはそんなことばかりでした。

少し具合がよくなってくれば、あれが食べたい、これが食べたいと、ひたすら具体的で即物的なことが頭を占領しますしね。哲学者という存在は、観念的で抽象的というイメージがあるのかもしれませんが、わたしはそういうご期待には応《こた》えられそうにありません。

戦争中も、同じことです。まだ子どもだったから、死ぬのが嫌でしたね。海軍兵学校の生徒でしたが、まだ死が目前に迫ってくるという状況ではありません。戦況次第ではどうなるかわからなかったわけだけれども、戦場に引っ張り出されるのはもう少し先の話だと思っていました。

死をどう考えるかという問題

わたしは、なにか災害があっても自分は必ず生きてもどってくるという妙な確信をもっていた人種です。飛行機の墜落事故くらいなら必ず生きて帰ってくると考えていました。ホテルの火事なんかで、よくお客さんが敷布をつないで下りてくるのをテレビで見たりしますが、あれを見ていて自分ひとりなら大丈夫だけれども、家内を背負って下りるのは無理かな、なんて考えてしまいます。今はさすがに自信を失いましたけど、まあ、自分だけは絶対に死なないと思っている、太平楽の典型かもしれません。

しかし、自分の死をどう考えるかは、哲学上の大問題です。特に、自分の死に直面しながら生きるなんてことができるかどうか、昔から盛んに議論されてきました。ハイデガーは、「死に臨む存在」("Sein zum Tode")なんて言い方をしています。人間にとって究極の可能性である死。それをどう意識するかがその人の生の意味を決定すると考えているのです。自分の死を意識できることこそが他の生物との違いだとも考えているようです。

ところが、サルトルはそうしたハイデガーの考え方に、真っ向から反対しています。

サルトルにとっては、死は「わたしの可能性」などではありません。死はわたしのすべての可能性を無にし、わたしの人生からすべての意味を除き去る、まったく不条理な偶発事なのです。わたしの誕生が選ぶこともできない不条理な事実であるのと同様に、わたしの死も理解したり、それに対処したりすることのできない不条理な事実だと言うんですね。

誰でも死ぬまでは生きています。しかし、死んでしまえば考えることは不可能です。人間にとってあらゆる可能性の切断である死を前にして、ハイデガーの言うようにそれを意識しつつ生きるなんてことができるものかどうか。

メルロ＝ポンティも、死の問題ではサルトルと似たような考え方をしています。どちらも、自分の死は人間が理解することのできる出来事ではない、という設定は共通しています。マルセル・デュシャンに、「死ぬのは、いつも他人ばかり」という言葉がありますが、サルトルやメルロ＝ポンティにも、まあ、そうした前提があったのでしょう。私も、自分の死の問題に関するかぎり、サルトルと似たような考え方をしています。

日本でも、禅の高僧が悟りを開いて、「生死一如《しょうじいちにょ》」の境地で生きるなどとよく言います。しかし、どこまで信用していいのかは疑わしいですね。仏教の悟りの境地は、生と死を一緒にとらえて生きることでしょうが、そうしたことが人間にとって可能なことなのかどうか。それに哲学的な知は宗教的な悟りとはやはり違うように思います。もっとも、日野啓三さんの晩年の作品を読んでいると、生と死の瀬戸際《せとぎわ》を生きるという状態がありうる、と思わされますね。日野さんのばあいは、悟りの境地のようなものではなくて、普通の人とはちょっと別の感受性を持っているということではないでしょうか。死に直面したぎりぎりの状態で、醒《さ》めた意識で生死の問題を考えることができる感受性。もちろん、文学者がみな日野さんのような感受性をもっているとは思っていませんが。

わたしは、常識的な人間です。悟りの境地などとはほど遠い。生死の境に直面したら、なにか書こうなんて気は起こりそうにありません。

哲学という麻薬

「哲学」についてのわたしの考え方は、かなり変わっているかもしれません。わたしはどうも「哲学」というものを肯定的なものとして受けとることができないのです。社会生活ではなんの役にも立たない、これは認めなければいけないと思います。しかし、それにもかかわらず、百人に一人か、二百人に一人か、あるいは千人に一人か割合ははっきりしませんが、哲学というものに心惹《ひ》かれて、そこから離れることのできない人間がいるのです。わたしもそうでした。答えの出そうもないようなことにしか興味がもてないのです。

わたしも、やる前から、なんの役にも立たないことは分かっていました。それじゃあ、哲学から離れて、世の中の役に立つような人生を歩めるかというと、これができないのです。ほかの職業を選んだとしても、たぶん、ずっと哲学が気になって気になって仕方がなく、中途半端《はんぱ》な生き方をすることになったと思います。

哲学科に入ってくる学生や、哲学書の愛読者などにはこうした性向をもっている人が多いわけでしょうね。哲学から抜け出せないことは、とても不幸なことなのですがね。わたし自身、後悔はしていませんが、哲学にとり憑《つ》かれなければ、もう少し楽な生き方ができたと思います。哲学は不治の病のようなものですよ。わたしのばあいは、哲学を自分の仕事としたために、哲学がもつ毒をよく理解することができました。

だから、人に哲学をすすめることなど、麻薬をすすめるに等しいふるまいだと思っています。

しかし、哲学という病にとり憑かれた人はもう仕方がありませんから、せめてそういう人たちを少しでも楽に往生させてやろう、哲学に導き入れてやろうと、そんなふうに考えて本を書いているのです。

わたしの書く入門書は、同じような不幸を抱える人を読者に想定して書いています。同病相憐《あわ》れむですね。だから、「子どものための哲学」なんて、とんでもない話です。無垢《むく》な子どもに、わざわざ哲学の存在を教える必要はありません。哲学なんかと関係のない、健康な人生を送る方がいいですね。

西洋という文化圏の特殊さ

哲学を不幸な病気だと考えることが、わたしにとっては「哲学とはなにか」を考えてゆく上での出発点になっているのかもしれません。よく、日本には哲学がないからだめだ、といったふうなことを言う人がいますね。しかし、わたしは、日本に西欧流のいわゆる「哲学」がなかったことは、とてもいいことだと思っています。たしかに日本にも、人生観・道徳思想・宗教思想といったものはありました。そして、西洋でもこうしたものが哲学の材料にはなっていますが、これがそのまま哲学だというわけではありません。

「哲学」という言葉の由来や性格や意味についてはあとでゆっくり考えなければなりませんが、いまは哲学とは、そうした人生観・道徳思想・宗教思想といった材料を組みこむ特定の考え方だということにしておきましょう。あるいは、哲学とは、「ありとしあらゆるもの（あるとされるあらゆるもの、存在するものの全体）がなんであり、どういうあり方をしているのか」ということについてのある特定の考え方、切り縮めて言えば「ある」ということがどういうことかについての特定の考え方だと言ってもいいと思います。

こうした考え方が、西洋という文化圏には生まれたが、日本には生まれなかった。いや、日本だけではなく、西洋以外の他の文化圏には生まれませんでした。というのも、そんな考え方をしうるためには、自分たちが存在するものの全体のうちにいながら、その全体を見渡すことのできる特別な位置に立つことができると思わなければならないからです。

いま、「存在するものの全体」を「自然」と呼ぶとすると、自分がそうした自然を超えた「超自然的な存在」だと思うか、少なくともそうした「超自然的存在」と関わりをもちうる特別な存在だと思わなければ、存在するものの全体がなんであるかなどという問いは立てられないでしょう。自分が自然のなかにすっぽり包まれて生きていると信じ切っていた日本人には、そんな問いは立てられないし、立てる必要もありませんでした。西洋という文化圏だけが超自然的な原理を立てて、それを参照にしながら自然を見るという特殊な見方、考え方をしたのであり、その思考法が哲学と呼ばれたのだと思います。

そうした哲学の見方からすると、自然は超自然的原理――その呼び名は「イデア」「純粋形相」「神」「理性」「精神」とさまざまに変わりますが――によって形を与えられ制作される単なる材料になってしまいます。もはや、自然は生きたものではなく、制作のための無機的な材料・質料にすぎない物、つまり物質になってしまうのです。超自然的原理の設定と物質的自然観の成立は連動しています。

しかし、自然とは、もともとは文字どおりおのずから生成していくもの、生きて生成していくものです。それが、超自然的原理を設定し、それに準拠してものを考える哲学のもとでは、制作のための死せる材料になってしまう。そういう意味で哲学は自然を限定し否定して見る反自然的で不自然なものの考え方ということになります。

先ほど、わたしは「哲学」を否定的なものとしてしか考えられないと言いました。いったい、哲学はなにを否定しているのでしょうか。やはり、自然に生きたり、考えたりすることを否定しているのだと思います。ですから、日本に哲学がなかったからといって恥じる必要はないのです。むしろ日本人のものの考え方の方がずっと自然だったということになりそうです。

むろん、西洋でもはじめからそんな反自然的な考え方をしていたわけではありません。古代ギリシアの早い時期、通常「ソクラテス以前の思想家たち」(前六―前五世紀)と呼ばれているアナクシマンドロスやヘラクレイトスらの活躍した時代のギリシア人は、そんな反自然的な考え方はしていなかったようです。自然がすべてだと考え、万物は自然だと見ていました。ところが、ソクラテスやプラトンの時代に、たとえばプラトンの言う「イデア」のような自然を超えた原理を軸にする発想法がもちこまれます。

プラトン以来西洋という文化圏では――かなり時間をかけてのことですが――超自然的な原理を参照にして自然を見るという特異な思考様式が伝統になりました。先ほど言ったようにその原理の呼び名は、さまざまに変わりますが、その思考様式だけは連綿と承《う》け継がれます。それが「哲学」と呼ばれ、西洋の文化形成の軸になったのです。

十九世紀後半、ニーチェがこのことに気づきました。彼はもともと、古典文献学の勉強をした人で、その主要な研究テーマはギリシア悲劇の成立史でしたが、このギリシア悲劇の成立期は「ソクラテス以前の思想家たち」の活躍した時期でもあったので、彼の関心はこの思想家たちにも向かいます。

一方でニーチェは、彼の時代のヨーロッパ文化がいきづまりにきていると見て、その原因をさぐります。彼はその原因が、超自然的原理を立て、自然を生命のない、無機的な材料と見る反自然的な考え方にあることを見ぬきます。ニーチェは、西洋文化形成の根底に据えられたそうした思考法が無効になったということを「神は死せり」という言葉で宣言しました。ここでは、「神」とは「超自然的原理」を意味しています。そして彼は、万物をおのずから生成する自然と見ていたギリシアの古い思想を復権することによって、目前にあったヨーロッパ文化の危機を打開しようとしました。

ハイデガーやメルロ＝ポンティやデリダといった二十世紀の思想家はすべて、多少なりともそうしたニーチェの志向を承け継ごうとしています。ニーチェにとって「哲学」は超自然的思考を意味し――ニーチェは「プラトニズム（プラトン主義）」とも呼んでいます――、その批判が彼のほんとうのねらいでした。つまり、彼は「哲学批判」「哲学の解体」「反哲学」を提唱しようとしていたのです。もっとも、「反哲学」なんていう言葉を使うのは、後期のメルロ＝ポンティだけですがね。

こうした「哲学批判」「反哲学」なら、われわれ日本人にもよく分かるのです。超自然的原理を設定してものを考えるなんて習慣はわれわれにはありません。ですから、「哲学」を理解することはムリでも、「反哲学」なら分かるということになるのだろうと思います。

自然的思考

「ソクラテス以前の思想家たち」については、この人たちが『自然《フュシス》について』という同じ題で本を書いたという、少しあやしい伝承があります。これが事実かどうかはともかくとして、この人たちの思想の主題が「自然」だったことは確かなようです。彼らにとっては万物が自然であり、超自然的な原理などまったく念頭にありませんでした。

しかも、この「フュシス」という言葉が「なる」「生える」「生成する」といったような意味の「フュエスタイ」という動詞から派生したということから、古い時代のギリシア人は、万物を「成り出《い》でたもの」「生成してきたもの」として受けとっていたということが分かります。

こうした古代ギリシア早期の自然観は、万物を「葦牙《あしかび》の如《ごと》く萌《も》え騰《あが》る物に因《よ》りて成る」と見ていた『古事記』の古層に見られる古代日本人の自然観と深く通じるものがありそうです。そこに登場する「高御産巣日神《たかみむすひのかみ》・神産巣日神《かみむすひのかみ》」といった神名にあらわれる「ムスヒ」も、「ムス」は苔《こけ》ムス・草ムスのムス、つまり植物的生成のことであり、「ヒ」は霊力・原理のことであって、生成の原理を神格化したものです。

古代ギリシア人や古代日本人の自然観は、アニミズムの洗練されたもので、そう珍しいものではありません。こうした自然観のもとでは、自分もまた生成消滅する自然の一部にすぎません。人は、自然のなかから生まれ出て、また自然にかえってゆく存在と考えられていたにちがいないわけで、そのなかで、自分だけが特権的な位置に立って、自然のすべてがなんであるか、と問うたり知ったりすることができる、などということを考えることなどないわけでしょう。そのような「自然」を芭蕉《ばしょう》は「造化」と呼び、そのなかで人間にできることは「造化にしたがひ、造化にかへる」(「笈《おい》の小文」)ことだとしています。

超自然的原理を設定して、それを参照にして自然を見るような考え方、つまり哲学を「超自然的思考」と呼ぶとすれば、「自然」に包まれて生き、そのなかで考える思考を「自然的思考」と呼んでもよさそうです。わたしが「反哲学」と呼んでいるのはそうした「自然的思考」のことなんです。

だから、「哲学」といっても、ソクラテス/プラトンのあたりからヘーゲルあたりまでのいわゆる超自然的思考としての「哲学」と、ソクラテス以前の自然的思考や、そしてそれを復権することによって「哲学」を批判し解体しようと企てるニーチェ以降の「反哲学」とは区別して考える必要があります。それを一緒くたにして考えようとするから、なにがなんだか分からなくなる。

しかし、それを区別して考えれば、超自然的思考としての「哲学」には決定的に分からないところがあるが、ニーチェ以降の「哲学批判」「反哲学」ならわれわれ日本人にもよく分かるというわけも分かってくる。といっても、いわゆる表現の問題ではなく、考え方の根本に関してなのですが。

哲学のむずかしさ

哲学は、ヨーロッパあたりでも一般市民にとっては縁遠いものであり、分かりにくいもののようですが、日本ではよりいっそう、むずかしいものだとされています。

一時期、日本では哲学用語がすべて漢語を使った翻訳語なのでどうしても難解になるけれども、欧米では日常語で哲学的な思索をするから一般の人にも分かりやすいと言われたことがありました。しかし、そんなことはありません。欧米の哲学用語にしても、たいていはギリシア語やラテン語由来の言葉ですから、一般の人に縁遠いことは同じです。philosophy, Philosophie という言葉そのものが、ギリシア語の音をそのまま英語やドイツ語に移したもので、もともとの英語でもドイツ語でもありません。

しかし、日本では、哲学が欧米に輪をかけて難解なものとされていることは確かです。まず、哲学の基本となる超自然的原理のようなものが、われわれの思考のうちには見いだされない、ということからくる分からなさがあります。もう一つ、哲学に似たジャンルとして、言行一致を目指す儒教の道徳的実践や禅のような宗教的修行の伝統がありましたし、詩的直観を重んじる文学の伝統もあったので、西欧伝来の哲学を、儒教や禅や詩と重ね合わせて受け容《い》れようとする傾向がありました。そのため、もともと哲学の発想の根本的な分かりにくさを、道徳的実践や、宗教的悟道、詩的直観のむずかしさと一緒にしてしまったので、哲学はむずかしい、分からないのが当たり前と思いこんでしまったのです。おまけに、哲学を学び紹介する者が、自分の修行が足りないせいで分からないと思いこむのは仕方ないとしても、そのことを他人に悟られないようにごまかそうとするので、ますます話がややこしくなります。

西洋の哲学にもいろいろな傾向があり、道徳や宗教と重なる領域もありますが、原則としてはもっと理づめのもので、ちゃんと読んでゆけば理解できないものではありません。もちろん、正しく理解するためには、テキストをなるべく原語できちんと読むことと、自分に分かることと分からないこととを区別して、けっして分かったふりをしないことが大切ですが、訓練さえすれば、特別な宗教的な悟りや詩的直観をもっていなくとも、哲学書はかなりの程度まで理解できるものです。

もっとも、文学の場合も同じですが、著者との相性は問題です。どんな哲学者の言うことでも同じように分かるというわけにはなかなかいかないもので、やはり自分と相性のいい思想家を選ぶ必要はあるでしょうね。用語法に馴染《なじ》むためのトレーニングも必要ですが、訓練を怠らなければ、相当のところまで理づめで考えていけるものです。哲学は分からなくて当たり前、ということはありません。

翻訳にも、難解というイメージを定着させた責任はありますね。翻訳者がテキストの意味をきちんと理解しないまま、手がかりになるいくつかの言葉から浮かび上がってくる雰囲気だけを頼りに、ただ言葉の漂っているような翻訳をしていることが多いものです。そんな訳本を読んでいるだけでは、哲学書を読んだことにはなりません。

「反哲学」への道

ここで、廻り道になるかもしれませんが、わたしの略歴を少しお話ししたいと思います。どんな人間が「反哲学」を唱えているのかが分かれば、理解の一助になるかもしれないと考えてのことです。

もともと、わたしはどちらかというと、官吏や会社員として世を渡る実務能力が与えられている方だと思います。これは、父親譲りではないでしょうか。

父・清は家が貧しかったので、学費の要らない師範学校を卒業したあと、東京商科大学の専門部の商業教員養成所というのに入りました。そこを出て、新潟の師範学校の教師をしながら高等文官試験を受けて合格し、満州国で官吏になった男です。苦学をしたわけですが、あまりそんな感じはしませんでした。終戦前にはいまの日本でなら人事院の長官にあたる人事処長をしていました。敗戦処理の途中でソ連軍に捕まって、シベリアに抑留されたのですが、ソ連がわが人事処長という職種がどんなものだかどうしても理解できず、外交官のグループに分類してくれたので、比較的早く帰国することができたそうです。

終戦直後の混乱のなか、江田島の海軍兵学校を追い出され、父の故郷の新庄《しんじょう》にたどりついて、遠縁の家に世話になっていたわたしが、満州から引き揚げてきた母と姉二人と弟を、闇屋《やみや》をしながら養っていたことは、別の本で何度か書きました。完全に不良化する前に父がシベリアから帰国してきて、間一髪のところで助かったことも、ご存知の方がおられるかもしれません。

戦後の昭和二十四年に父の故郷の新庄が市に昇格する際、実質的な初代市長には戸《と》澤《ざわ》さんという昔の殿様が就任したのですが、行政能力はないので、帰国後東京の理化学研究所に勤めていた父が呼びもどされて助役になりました。二期目からは市長になり、結局三期務めました。辞めた後も、山形県の教育委員長や行政改革委員長など、たくさんの役職を歴任していました。

読書家で、とても有能な官吏でした。しかも、満州でかなり贅沢《ぜいたく》をしていたので、山形県の田舎では質素に暮らしていてまったく世俗的な欲はなく、悪いことをする心配もありません。しかも、満州のころの上司や同僚がみんな東京で官吏や政治家になって、次官や大臣になっていましたから、父が陳情にいくとすぐ学校が建ったり橋が架ったりします。市長時代、県知事が上京して陳情する時は、必ず父を連れていったそうです。地元では、かなり重宝された人間でした。

むかし文部大臣をしていた大達茂雄《おおだてしげお》さんは、父の満州時代の上司で、おまけに碁敵でしたので、大臣室にいくと、すぐ碁盤をもち出してきて打ちはじめるという調子だったそうです。で、父が陳情についていくと、すぐ学校が建つなんて言われていました。そのころ農林大臣だった根本龍太郎《りゅうたろう》さんも、満州時代の父の後輩だったようです。

日露戦争開戦の直前に生まれて、大正教養主義の洗礼を濃厚に受けた世代です。新庄市長をやっていたころ、丸善からマックス・ウエーバーの『宗教社会学論集』の原書を買ってきて読んでいました。カントの『純粋理性批判』やハイデガーの『存在と時間』も、新潟の師範学校の教師をやっていたころ、旧制新潟高等学校の哲学の赤松元通先生に同僚と二人で読んでもらっていたそうです。どちらもまだ翻訳が出る前です。

ずっと教育者で、市長時代も県庁のやる気のある若い職員を集めた研究会を主宰していて、そのころの門下生が後に県知事や鶴岡《つるおか》市長になったりしました。今でも、山形県では木田先生というと父のことを言うんです。

父の一言

わたしが哲学を勉強しようと決意したのは、農林専門学校に入って、ドストエフスキーに熱中したのがはじまりです。しかし、だんだんそれだけでは物足りなくなり、キルケゴールの『死に至る病』を読んでいると、これがドストエフスキーの作品の注釈書のように読めることが分かりました。

そうこうしているうちに、ハイデガーという人がいて、ドストエフスキーとキルケゴール二人の影響を受けて『存在と時間』という本を書いたということを知りました。古本屋でそのころ一種類だけ出ていた翻訳を買ってきて読もうとしたのですが、さっぱり分からない。相当ひどい翻訳でした。しかし、なにか重要なことが書いてあるらしいことは分かる。そして、これは哲学書を読む専門的な訓練を受けないと読めない本だということだけはよく分かり、大学の哲学科に入る決心をしたのです。

父は、わたしが、東北大の哲学科を受験すると打ち明けた時も、別に反対はしませんでした。でも、「哲学はちょっと、特殊な才能がないとできない学問だから、経済学部でも受けた方が無難だよ」という微妙な忠告をされましたね。

大学に入ってすぐにドイツ語の勉強をはじめ、無茶な話ですがその年の秋から『存在と時間』を読みはじめました。そのひどい翻訳を横に置き、単語を全部辞書で引くような読み方でしたが、実に面白かった。半年くらいかかりましたが、血湧《わ》き肉躍り、残り少なくなってゆくのが惜しい感じでした。まだ一年生ですから、ろくにものも知らないころですが、ドストエフスキー、キルケゴールを通じて抱いていた期待は、裏切られることはありませんでした。

哲学の本は、あるタイプの人間にとっては、こんなふうに夢中になれる対象なんです。わたしにとって、ハイデガーの本は、読み終わるのが惜しいような気のするものでした。二、三年後に読んだヘーゲルの『精神現象学』も、面白かったですね。一方、フッサールの『イデーン』は退屈でした。一日五頁《ページ》と決めて読んでいったから読了したものの、義務感で読み進めているような感じでした。

こういう次第ですから、卒論は『存在と時間』で書くのが当然ですけれども、読み通してみてもさっぱり分かりませんでした。もちろん、一行一行の意味が取れないというわけではありませんし、熱中するくらいですから、伝わってくるものはたくさんあります。しかし、どうしても、ハイデガーの思想の一番肝腎《かんじん》なところが分かっていないという気がするんです。

この状態で卒論を書くのは無理だと思い、カントの『純粋理性批判』で書くことにしました。カントのこの本は演習でもテキストに使われていたので、ある程度読んではいて、かなり分かったような気がしていました。

ところが、『存在と時間』に感じられた、あの惹《ひ》きこまれるような感じがありません。帰省して父に、「カントで卒論を書くことに決めたんだけれども、どうも面白くなくて」とぼやいたら、「何回読んだ」と訊《き》かれました。こちらが読了したのは一回ですから、正直に答えたら「一回読んだくらいじゃ、面白さが分かるのは、ちょっと無理じゃないか」と言われました。

昔東北大学にオイゲン・ヘリゲルという、『弓道における禅』という本でドイツに禅をはじめて紹介した新カント派の先生がいたんです。そのヘリゲルさんが『純粋理性批判』を七十二回読んだけれども分からないから、いま七十三回目を読んでいる、という話を聞いた父は師範学校の教師時代にこの本を三回読んだそうです。「三回読んだけれど分からなかった。一回じゃムリだろう」と言われて、わたしはグウの音も出ませんでした。

父は、わたしが本を書きはじめてからはいい読者になってくれました。一所懸命読んでくれて、必ず感想を書いて送ってくれました。一九〇〇年に生まれて九十二歳で死にましたから、一九九三年が没年で、ずいぶん長生きです。二〇〇五年に十三回忌をやりました。

誤訳からの出発

さて、また哲学の話にもどりましょう。

かねがね、わたしは、日本の哲学者の態度は、ちょっと違うんじゃないかな、という気がしてなりませんでした。哲学者の元祖のソクラテスなんて相当人を食ったふざけた人間なのですが、日本の研究者はみんな真面目《まじめ》一本槍《いっぽんやり》で、自分があたかも西洋人であるかのように思いこみ、「哲学」という学問はすばらしいものだと信じきっています。わたしも哲学研究者の一人ですが、哲学をやっているのは、ちょっとこれは違うな、と感じる人ばかりです。わたしとは、哲学へのアプローチが、はじめから少し違っているのかもしれません。

もともと「哲学」という言葉自体が、西周《にしあまね》による明らかな誤訳なんです。ですから、「哲学」を後生大事にありがたがっている方がおかしいわけなんです。

「哲学」の直接の原語は英語のphilosophy《フィロソフィー》あるいはそれに当たるオランダ語で、これは古代ギリシア語のphilosophia《フィロソフィア》の音をそのまま移したものです。philosophiaは、philein《フィレイン》(愛する)という動詞とsophia《ソフィア》(知恵ないし知識)という名詞を組み合わせてつくられた合成語であり、「知を愛すること」つまり「愛知」という意味です。

しかし、「愛知」という言葉を日常的に使うことは、これはこれでかなり不自然なことで、「哲学」を「愛知」にすればいいというものでもありません。実は、philosophiaという言葉自体も、古代ギリシアのなかでは複雑な経路を経て生まれたものでした。

この言葉は最初、紀元前六世紀ごろのピュタゴラス教団の創始者が、ho《ホ》 philosophos《フィロソフォス》「知識を愛する人」という形容詞として使いました。hoは男性の定冠詞です。形容詞に定冠詞を付けると、その性質をもった人間ないし物を意味するというあれですね。ピュタゴラスは、世界にはho《ホ》 philarguros《フィラルギュロス》、商人のように「金銭を愛する人」とho《ホ》 philotimos《フィロティモス》、軍人やスポーツ選手のように「名誉を愛する人」と、自分のような「知識を愛する人」の三種類の人がいると言っているのです。

次に紀元前五世紀の歴史家ヘロドトスが、これをphilosophein《フィロソフェイン》（知を愛する）という動詞の形にして使っています。ペルシア戦争の歴史を書いた『歴史』に、リュディア王クロイソスがアテナイの賢人ソロンをもてなす際、「多くの国々をphilosopheinしつつ（知識をもとめつつ）旅行し視察して歩かれた」という文章があり、そこで出てきます。

しかし、ピュタゴラスやヘロドトスのもとでは、「知を愛する」といっても、ただ「知的好奇心が強い」とか「知識欲が旺盛《おうせい》な」というくらいのぼんやりした意味でした。そのphilosopheinという動詞をphilosophiaという抽象名詞の形に変えて、はっきり限定した特殊な意味で使ったのがソクラテスです。

プラトンの対話篇『饗宴《きょうえん》』の中で、ソクラテスは独自の愛の理論を展開しています。愛するものは、その愛の対象をなんとか自分のものにしようともとめます。ということは、知を愛しもとめる者というのは、まだ知（知識）をもっていない、もっていないからこそ、ひたすらそれを愛しもとめるのだ、と言うのです。知をもっていないことを無知と言います。つまり愛知者は無知であり、無知だからこそ知を愛しもとめるのだ、というわけです。

日本最初の本格的な西洋哲学研究者だった西周は、江戸時代に「蕃書調所《ばんしょしらべしょ》」で日本最初の哲学の講義をしたときには、philosophyを「希哲学」と訳しています。ソクラテスがなにを考えていたのかをしっかりと認識した上で、「知を愛する」営みを、宋代《そうだい》の儒家・周敦頤《しゅうとんい》が『通書』のなかで「士希レ賢」(士は賢を希《ねが》う)と言っている「希賢」と同じだろうと説いています。ただ「希賢」という言葉は儒教臭が強すぎるので、「賢」とほとんど同義の「哲」をあてるのがよいだろうと言って、「希哲学」としているのですが、philein＝希、sophia＝哲と考えるならば、ちゃんとした翻訳になっています。

しかし、その後オランダに留学し、帰国後、明治になってから執筆した『百一新論』では、その訳語からなぜか「希」の字が削られて「哲学」にされています。ソクラテスにとってもっとも重要だった「愛」の部分が消えてしまっているんですね。なぜ西周が「希」を削ったのか、事情は分かりませんが、「哲学」としたのでは肝腎な部分がすっぽりと抜けてしまったことになります。

もっとも、ソクラテスにしても素直な心情からそんなことを言い出したわけではなく、当時自分の知識を誇り売りものにしていたソフィスト(知識人)をやっつけるための皮肉の武器としてこの「愛知」という言葉をもち出したのです。

「愛知」には普遍性がない

後にヘーゲルは、『精神現象学』の序文で、「哲学が知への愛というその名を捨て去ることができ、現実的な知になるという目標に近づくのに協力する」といってWissen-schaft《ヴィッセンシャフト》という呼び方を提唱するようになります。Wissen《ヴィッセン》は知（知識）、schaft《シャフト》は集合名詞の語尾で、すなわち「知の体系」です。ヘーゲルの主張は、ソクラテスの言うような「知への愛」「知への遠い憧《あこが》れ」のままではもはや真理の真の形態ではありえず、そうであるためには現実に存在する知識の体系でなければならない、ということなのです。

ソクラテスがどういう思想の持ち主だったか、後で詳しく見ていきますが、いずれにせよ彼は、人間が「知の体系」を所有しうるということを徹底的に否定した人です。自分にあるのは、知への遥《はる》かな憧れだけだ、という人なんですね。ですから、西周がphilosophiaの訳語から意識的に「希」を抜いたのだとすれば、かなり意図的な誤訳ということになります。

西周は、「希哲学」から「哲学」へ訳語を変えるあいだ、オランダに留学しています。わたしは、ヘーゲルの「Wissenschaft」の主張を彼がどこかで耳にしたのではないかと考えたこともありました。しかし、その痕跡《こんせき》はありません。たぶん、「希」があると語呂《ごろ》が悪くて、面倒臭いから「哲学」にしたんでしょう。

ヘーゲルは、フィロソフィアというギリシア語がよほど嫌いだったんでしょうね。気持ちはよく分かります。彼は、知恵への遥かな憧れなんて段階では我慢できないのでしょうから。「ヴィッセンシャフト」という言葉には、現代の科学の体系に通ずる志向があります。いかにもドイツ人好みの言葉です。

日本の哲学者に、《「希」抜けの「哲学」》の話をもち出す人はあまりいません。「哲学」という訳語のありがた味が根底からゆらいでくるから、仕方のないことかもしれませんが、万事この調子です。ただ、「希哲学」という不自然な訳語では、「哲学」のように一般化したかどうか疑問でしょう。つまり、日本における哲学研究は、もともとかなりあやふやな処《ところ》から出発したことになります。

日本には、フィロソフィアに対応する言葉はありません。ヨーロッパでも事情は同じで、ラテン語でさえ基本的にはギリシア語の音を移しているだけです。ヘーゲルではないけれど、もし生活に本当に必要なものだったら、どの言語にもこれに当たる自前の言葉があっていいはずでしょう。欧米諸国の場合は、日本のように誤訳ではないまでも、ただギリシア語の音を自分流の表記の仕方で移しているだけですから、考えてみればこれはこれで妙な話です。

哲学についての誤解

繰りかえしになりますが、人生観とか世界観とか道徳思想とか宗教思想とかと哲学とは無関係ではないまでも、けっして同じではありません。そういうものなら、日本にだってあったわけですが、誰もそれを「日本の哲学」とか「日本人の哲学思想」とは呼びません。そういうものが哲学の材料になることはあっても、それがそのまま哲学ではない。哲学は、それらの材料を組みこむ特定の思考様式で、どうやらそれは「西洋」という文化圏に特有のものと見てよさそうです。

では、どういう思考様式かというと、それは、「ありとしあらゆるもの（存在するものの全体）がなにか」と問うて答えるような思考様式、しかもその際、なんらかの超自然的原理を設定し、それを参照にしながら、存在するものの全体を見るようなかなり特殊な思考様式だと言っていいと思います。

そのばあい、その超自然的原理は、「イデア」（プラトン）とか「純粋形相」（アリストテレス）とか「神」（キリスト教神学）とか「理性」（デカルト、カント）とか「精神」（ヘーゲル）とかその呼び名はさまざまに変わりますが、しかしどう呼ばれようと、生成消滅する自然を超え出た超自然的なものであるには変わりなく、それに応じて、「存在するものの全体」がそのつど、「イデアの模像」として、あるいは「純粋形相」を目指して運動しつつあるものとして、あるいは「理性」によって「認識されるもの」として、「精神」によって「形成されるもの」としてとらえられるわけなのです。

しかし、われわれ日本人の思考の圏域には、そんな超自然的原理なんてものはありませんから、そうした思考様式は、つまり哲学はなかったわけであり、われわれにとってはそれが当然なのです。ですから、自分のもってもいないものをもっているふりする必要などまったくなかったのです。

たとえば、デカルトが『方法序説』でもち出してくる「理性」ですが、われわれはあれを読んだとき、近代人ならこうした理性は当然みなもちあわせているものだと思ってしまいます。もしこれをもっていなければ近代人として恥ずかしいことだ、ちょっと自信がないけれど、もっているふりをしなければ哲学どころではない、と思うわけです。

しかし、『方法序説』をよく読んでみると、デカルトの言う「理性」は、われわれ日本人が「理性」と呼んでいるものとはまるで違ったものなのです。われわれ日本人が「理性」というのは、われわれ人間のもっている認知能力の比較的高級な部分、しかしいくら高級でも、やはり人間のもっている自然的能力の一部ですから、生成消滅もすれば、人によってその能力に優劣の違いもあります。

だが、デカルトの言う「理性」はそんなものではありません。それは、たしかにわれわれ人間のうちにあるけど、人間のものではなく、神によって与えられたもの、つまり神の理性の出張所ないし派出所のようなものなので、したがってそれを正しく使えば、つまり人間のもつ感性のような自然的能力によって妨げたりせずに、それだけをうまく働かせれば、すべての人が同じように考えることができるし、世界創造の設計図である神的理性の幾分かを分かちもっているようなものだから、世界の存在構造をも知ることができる、つまり普遍的で客観的に妥当する認識ができるということになるわけです。

そうしたデカルトの言う理性は、われわれ日本人が考えている「理性」などとはまるで違った超自然的な能力なのですから、それを原理にして語られていることが、われわれに分かるわけがない。といって、それはわれわれが劣っているということではなく、思考の大前提がまるで違うのですから、当然のことなのです。

カントの「理性」の概念やヘーゲルの「精神」の概念になると、話がもっと複雑でダイナミックになるので、デカルトのばあいほど簡単にいきませんが、しかし、それでもさまざまな条件を考え合わせれば同じようなことになるのです。

いや、わたしにしても、こんなことに気がついたのは、ずいぶんたってからです。先生にしても先輩たちにしても、当然デカルトの言う程度の理性はもちあわせているし、プラトンの言うイデアも日ごろ見つけている、カントの「汝《なんじ》なすべし」という「定言命法」も聴いたことがあるという顔をしていますから、そんなもの見たことも聴いたこともないなんて、とても言い出せる雰囲気じゃなかったですね。そんなふうに普遍的で客観的妥当性をもつ認識の能力である理性なんてものは自分のうちにありそうもないし、ましてやイデアだの定言命法だの見たことも聴いたこともないので、うしろめたいことおびただしかったんですが。

ところが、ニーチェ以降の現代欧米の哲学者のものを読んでいると、彼らにしても、こんなものを頼りにものを考えるのはおかしいと思っているらしいことに気がつく。というより、彼らはそうした超自然的原理の設定を積極的に批判し解体しようとしているわけなんで、そう思ったら、これまでの日本の哲学研究者たちの集団自己欺瞞《ぎまん》がおかしくて仕方なくなりました。分からないものは分からないと、素直に認めれば、なんの問題もなかったはずなのに。しかし、わたしにしても、それを口に出して言えるようになったのは、五十を過ぎてからでしたね。

哲学の中心問題

では、いったい哲学とはなんなのか。哲学の根本問題は、「存在とはなにか」を問うことだ、つまり「ありとしあらゆるもの（あるとされるあらゆるもの、存在するものの全体）がなんであり、どういうあり方をしているのか」を問うことだと前に申しましたが、はたしてその問題がどんなふうに語られてきたのか、すこし見てみましょう。

プラトンのころのアテナイには、ソフィストという一群の人びとがいました。ソフィストというのは、知恵や知識を意味する「ソフィア」と同根の言葉で、本来は知識人や学者を指しますが、当時のアテナイでは、高い月謝をとって金持ちの子弟に詭弁《きべん》術などを教える一群の人びとがそう名乗っていたんです。その教育の現場でどのようなことが問題になっているかを記した対話篇『ソフィステース』でプラトンはこんなふうに言っています。

「……というのも、〈存在する〉（オン）という言葉を使うことで自分でいったいなにを言おうとしているのかを、君たちならばずっと前からよく知っているにちがいないのだが、われわれの方では、ひところでこそそれが分かっているつもりだったのに、今では途方に暮れているありさまなのだから……」

少しやさしく言いかえると、自分たち哲学者にとっては、〈存在する〉という言葉をどう考えたらよいのか、「途方に暮れ」るほど分からない、という意味になるのでしょうか。これは、ハイデガーが、『存在と時間』の冒頭に引用したために、改めて注目されることになった一節です。プラトンはこの少しあとで、有名な「存在《ウーシア》をめぐる巨人の戦《ギガントマキア》い」という言葉をもち出しています。

彼の弟子であるアリストテレスは、この問いをもっと明確にして、「事実、かつても今もまたこれからも、絶えることなく［哲学が］そこへ向かう途上にありながら、いつも繰りかえしそこへ通じる道を見いだせないでいるもの、それは〈［存在者であるかぎりでの］存在者とはなにか〉という問いであり、つまるところ〈存在（ウーシア）とはなにか〉という問いである」（『形而上学《けいじじょうがく》』第七巻第一章。［　］内は筆者の補足）と言っています。

このうち、〈［存在者であるかぎりでの］存在者とはなにか〉という問いかけについて、アリストテレスは別のところで、こんなふうに問いを深めています。

「存在者であるかぎりでの存在者を研究し、またこれに本質的に属することがらを研究する一つの学問がある。この学問は、いわゆる特殊的な諸学問のいずれとも同じではない。というのも、他の諸学問はいずれも、存在者であるかぎりでの存在者を全体として考察したりはせず、ただそのある部分を抽出し、これについて、それに付帯する属性を研究するだけだからである」(『形而上学』第四巻第一章)。

ちょっと難しくなってきましたね。アリストテレスが言おうとしているのは、こういうことなんです。一般に「科学」というのはドイツ語の〈ファッハヴィッセンシャフト〉つまり「個別学」の訳語であり、存在者全体のうちからある特定の領域、つまり物理現象とか経済現象といった領域を切りとってきて、そこにある法則を見いだそうとするものです。しかし、哲学は「存在するものの全体」がそうしたさまざまな領域に分けられる前の状態で、つまりそれが「存在するもの」であるかぎりで扱おうとします。「存在」というと重苦しくなりますが、人間をふくむ生物やモノなど、地球上にあるありとしあらゆるものが「ある」というのはどういうことか、それをあくまで全体として研究しようとする学問だということです。そんな大昔の人たちの言うことは訳が分からないにきまっている、そんなものをまじめに受けとる必要はないとおっしゃるかもしれませんが、近代の哲学者でも、ライプニッツなどは、「なぜなにもないのではなく、なにかが存在するのか」(『理性にもとづく自然と思惟《しい》の原理』)と問いかけ、〈存在する〉というのはどういうことなのかを問題にしていますし、二十世紀のウィトゲンシュタインでさえ、「神秘的なのは、世界がいかにあるかではなく、世界があるということである」（『論理哲学論考』）という言い方をしています。ハイデガーはもっとはっきりと、「哲学するとは〈なぜ一般に存在者が存在するのであって、むしろなにもないのではないのか〉を問うことである」（『形而上学入門』第一章）と言っています。

ここに挙げている引用文はどれも短いので、みなさんにとっては、まったく訳の分からない文章に見えるかもしれません。さしあたりここでは、哲学者にとっては古代ギリシアの昔から、同じ「存在」という曖昧模糊《あいまいもこ》としたものが問題になっていたということをご理解いただければ、それで十分だということにしておきましょう。

存在とはなにか

「存在とはなにか」などと大上段に構えると、まるで禅の偈《げ》の「本来無一物」みたいに、宗教的なある境地をもとめているように聞こえて、困惑する人も多いでしょう。しかし、これはそんなに神秘的な答えをもとめようという問いではなく、「ある」ということはたとえば「つくられてある」という意味なのか、「なりいでてある」という意味なのかを問おうとするものなのです。

実は、似たような問題を、われわれの先輩、政治思想史研究の第一人者である丸山眞男《まさお》も、日本政治史を分析するなかで提起しています。こうした意味での「存在」への問いは、われわれ日本人にとってもまるで無縁な問題ではないのです。

丸山さんは、初期の『日本政治思想史研究』（東京大学出版会）では、近世日本の思想のなかに、〈なる〉論理から〈つくる〉論理への展開を見て、その発展のなかから近代が生まれてきたと考えていました。丸山さんによれば、江戸幕府が創設された時期に支配のためのイデオロギーとして採用された朱子学は、「天と人が、自然法則と人性とがそのまゝ連続してゐる」ものだと主張します。少し長くなりますが、その趣旨を要約したところを引用してみましょう。

「自然と人間の窮極的根源たる太極より陰陽二気を生じ、その変合より水火木金土の五行が順次に発生しそこに四季の順環が行はれる。また陰陽二気は男女として交感し万物を化生するが、その中人は最も秀《すぐ》れた気を稟《う》けたため、その霊万物に優れ就中《なかんずく》聖人は全く天地自然と合一してゐる。故《ゆえ》に人間道徳はかうした聖人の境地を修得するところに存する。」

朱子学の発想でいうと、社会を動かしているものは「天地自然」の理《ことわり》ですから、人間の価値は著しく低い位置にあり、世界は「自然」のなすがままにしておくのが理想となるわけです。丸山さんは、これを〈なる〉論理に基づくものに分類しています。こうした朱子学的イデオロギーは、徳川家康《いえやす》に重用された藤原惺窩《せいか》や林羅山によって確立されて、四代将軍家綱の補佐役である保科正之《ほしなまさゆき》の師・山崎闇斎《あんさい》の一派によって継承されました。

一方で、元禄《げんろく》年間に力をつけはじめた徂徠学《そらい》になると、態度が違ってきます。その中心たる荻生《おぎゅう》徂徠は、「犬将軍」五代綱吉《つなよし》の側用人《そばようにん》・柳沢吉保《よしやす》のブレーンでした。赤穂《あこう》浪士が世を騒がした時代、儒学者たちは「道」と幕府の「法」のどちらが優先視されるかで混乱を極めます。しかし、丸山さんの表現によると「けだし天と人との間には深い断絶がある」と考えた徂徠は、人間の手で作られた「法」秩序を守ることを第一とし、朱子学の理念を否定します。「かく聖人概念を専ら先王といふ歴史的実在に限定したことは、徂徠学を従来のあらゆる儒教思想から決定的に別つ重要なモメントである」という要約も同じ論文にありますが、つまり、徂徠にとって、古代中国の政治的な支配者である先王がやったことより、まず、「道」が人間の手によってもたらされることが重要だったのです。徂徠にとって社会の秩序は、主体的人間（聖人）によって〈つくり出される〉べきもの、作為されるべきものでした。

丸山さんは、この朱子学から徂徠学への展開が、「ゲマインシャフトよりゲゼルシャフトへ」の展開に似ていると見ています。ゲマインシャフトとゲゼルシャフトというのは、ドイツの社会学者テニエスの用語で、社会の二つの類型です。ゲマインシャフトは、地縁・血縁・友情などによって結びついて、人間の自然的な感情にもとづく共同体のことで、ゲゼルシャフトは、株式会社のような利益追求などある目的をもって結びついた作為的集団のことです。ゲマインシャフトからゲゼルシャフトへの移行は、社会の近代化の指標として、かなり正確だと考えていいでしょう。

日本に当てはめれば、ゲマインシャフトは戦国大名たちの郷党的な統治となり、ゲゼルシャフトは江戸幕府の武士による一種の官僚制となりますが、丸山さんは、朱子学から徂徠学への展開を、ゲマインシャフトからゲゼルシャフトへの展開と重ね合わせて考えて、これを〈なる〉論理から〈つくる〉論理へという近代化の過程と見ています。「天地自然」のような原理から、人間の「作為」が主人公になっていく社会の変化、つまり徳川時代に起こった社会思想の変化は、西欧における中世のキリスト教社会から近代への移行と、さほど違わないと見ていいということなのでしょう。

「つくる」「うむ」「なる」の三つの基本動詞

しかし、後期の丸山さんは、さらにこの考えを深めています。一九七二年の「歴史意識の『古層』」（『忠誠と反逆』筑摩《ちくま》学芸文庫所収）では、世界中のどの民族にも、現にある世界がどのようにしていまあるようになったかを説明する宇宙創成神話がありますが、それを整理してみると、すべての神話が「つくる」「うむ」「なる」という三つの基本動詞で整序できると主張しているのです。

まず「つくる」という動詞によって規定されているのは、「われわれの住む世界と万物は人格的創造者によって一定の目的でつくられた」というもので、このパターンの代表はユダヤ＝キリスト教系統の世界創造神話です。徂徠学系統の「作為」重視の発想も、ここに属することになりましょう。「つくる」の場合、はじまりが誰であるのか、はっきりしています。

「うむ」という動詞は、「神々の生殖行為でうまれた」というパターンとなります。陰陽二元の結合によって万物が産み出されたと見る中国の盤古説話や、明らかにその影響を受けている『古事記』のイザナギ・イザナミ二神による国産み神話、あるいは「生まれる」という意味の動詞〈nascor《ナースコル》〉から派生した〈natura《ナトウーラ》〉（自然）という言葉で天地万物をとらえた古代ローマの創成神話などがここに分類されます。

もっとも、「うむ」パターンは立場が曖昧で、父と母として記されるある人格が二つないと神話は成り立ちませんし、はじまりとなるのはカップルとその子どもですから、これは父のものでも母のものでもない新たなものです。ですから、「つくる」と「なる」の中間にあるものと考えていいでしょう。

「なる」という動詞は、「世界に内在する神秘的な霊力（たとえばメラネシア神話でいうmana《マナ》）の作用で具現した」というパターンの神話です。人格をもたない、人間社会の外にあるなにかが起源だとすると、「主体への問いと目的意識性とは鮮烈に現れ」ません。丸山さんの意見では、朱子学派の儒教思想なども「なる」のパターンに分類されることになりますが、国学の祖である本居宣長《もとおりのりなが》の神話分析などを通して、日本はどうも「なる」という発想に支配されがちな国ではないかという説を提起しています。

もちろん、「つくる」「うむ」「なる」の三つの基本動詞には、おたがいの領域が複雑に絡《から》みあっていて、すっきりと分類できるものではありません。とはいえ、丸山さんは若いころから晩年にかけて、かなり大胆な飛躍をしたと考えていいと思います。

初期には、朱子学から徂徠学への展開を、西欧の近代化の段階に当てはめて、歴史の変化が思想に影響を与えたという考え方をしていました。しかし、後期には、人間が物事を発想してゆく基本的なパターンは「つくる」「うむ」「なる」の三つの動詞に集約され、これは歴史の発展段階に関わりのないことだと言おうとしているのです。

みなさんも、自分の属している家族・地域共同体・会社・国家・宗教などの起源が、実はこの三つのパターンに集約できるということを確かめてみると、「存在」という日常生活とは縁遠いテーマが少し身近になるかもしれません。

ソクラテス以前の哲学とハイデガー

ところが、ハイデガーが哲学の根本問題は「存在とはなにか」を問う「存在への問い」だというときも、丸山さんと方向は逆ですが、同じようなことを考えていたのです。たとえば、古代ギリシアの「ソクラテス以前の思想家たち」が、一様に『自然《フュシス》について』という表題で本を書いたというとき、この「自然」ということでなにが考えられていたのかを問題にする際、丸山さんとかなり似た発想法を採っています。

この「自然《フュシス》」というギリシア語が〈natura《ナトゥーラ》〉というラテン語に訳され、それがna-ture《ネイチャー》（英）、Natur《ナトゥーア》（独）、nature《ナチュール》（仏）という近代語に承け継がれているのですが、これらの言葉には一貫して二つの用法、二つの意味があります。不思議なことに、日本語でもまったく同じ現象が起こっているので、ここは日本語で考えることにしましょう。

「自然」という言葉はしばしば、「自然と人工」「自然と社会」「自然と歴史」「自然と芸術」「自然と精神」といった対概念のなかで使われます。この用法では「自然」は、人間が関わりあっている存在者の領域に対置される特定の存在領域とみなされています。こうした対概念は、遡《さかのぼ》ってゆくと、ラテン語の「自然《ナトゥーラ》と恩寵《グラーティア》」、あるいはギリシア語の「自然《フュシス》と技術《テクネー》」「自然《フュシス》と制度《ノモス》」など、かなり古くまでたどられます。

もう少し嚙《か》み砕いてみると、すべて人の手になるものの領域、つまり社会、歴史、芸術、精神、神の恩寵《おんちょう》によるもの、法、制度など挙げてゆけばキリがないですが、それと対立する存在者の領域として「自然」は考えられてきました。しかし、ハイデガーは「自然」という言葉はそういう意味にはかぎられないと言うのです。

日本語で考えてみても、「自然」という言葉には、さまざまな対概念のなかで人間の関わる存在領域と対置される特定の存在領域と見る用法のほかに、もう一つの用法があります。みなさんもよく、「そう考える方が自然だよ」というでしょう。このばあいの「自然」は「おのずからそうある」といったような状態をあらわす意味で使われていて、特定の存在領域を指してはいません。日本語のばあいも、こちらの方が

「自然」という言葉のもともとの意味のようです。

これは、たとえば英語の nature についても言えることで、これにも nature and history（自然と歴史）、nature and society（自然と社会）といった対概念の一方に置かれる用法のほかに、nature of history、nature of society といった用法があり、このばあいは、「歴史の本性」「社会の本性」と訳すのが普通です。このばあいもこの nature は存在者の一領域をではなく、存在者の真の性格・性質を意味しています。こうした用法、意味は、ラテン語の natura やギリシア語の physis《フュシス》にもあり、この用法・意味の方が、存在者の一特定領域を指す用法・意味より古く、根源的なものなのです。

「ソクラテス以前の思想家たち」が『自然《フュシス》について』という同じ題で本を書いたと言われるとき、その「自然《フュシス》」はどちらの意味だったのでしょうか。たった一世紀半ほどあとに活躍したアリストテレスでさえ、この「自然」を限定された一領域のこと、つまり外的物質的自然としか考えませんでした。

しかし、ハイデガーは、まったく違うと見ています。ソクラテス以前の思想家たちは、アリストテレスが考えたように、幼稚な自然科学的研究をしていたのではなく、むしろすべての存在者を存在者たらしめている真の存在はなにかについて考えようとしていたのだと言うのです。つまり、ソクラテス以前の思想家たちが「自然」ということで考えていたのは、いっさいの存在者の真の存在という古い根源的な意味での自然のことだったと見るのです。

しかも、この「自然」という言葉が、もともとは「芽生える」「花開く」「生成する」といった意味の動詞 phyesthai《フュエスタイ》から派生した言葉だというところからも、ソクラテス以前の思想家たちの時代のギリシア人がありとしあらゆるもの、つまり存在者の全体の真のあり方をどう考えていたかがうかがわれます。つまり、この時代のギリシア人は、すべてのものは生きて生成してきたと考えていたのです。これは、さっき丸山さんが「なる」という基本動詞で取り出したパターンと、かなり似通った発想でしょう。

これまで何度も繰りかえしてきましたが、プラトンが生成もしなければ消滅もしない〈イデア〉という超自然的な原理を設定してから後は、「自然」はそうした原理にのっとって形成されるたんなる材料・質料であり、たんなる物質つまりたんなる質料としての物に過ぎないという考え方が成立したわけです。しかし、ハイデガーはそうした自然観には、ごく初期から反対していました。彼自身『存在と時間』の最初の下書きだと言っている「ナトルプ報告」(「アリストテレスの現象学的解釈」一九二二年)

のなかで彼は、「アリストテレスにおいては、〈存在〉は〈被制作的存在〉と、つまり〈ある〉ということは〈つくられてある〉ことと解されている」と言っています。

ここだけ抜き出してもさっぱり分からないでしょうが、さきほど挙げた丸山さんの「つくる」「うむ」「なる」の三つの基本動詞をここで援用するならば、ハイデガーは、プラトン／アリストテレスの段階ですでに、「あること」は「つくられてあること」とみなされるようになっている、ということを指摘し、こうした存在概念の転換と「哲学」（フィロソフィア）という言葉の誕生は結びついていると考えているわけです。このときハイデガーの念頭に、「あること」を「なること」と見る、つまり「存在」を「生成」と見る古代ギリシア早期の存在概念があったことは容易に想像できます。

ハイデガーは『ヘルダーリンの詩の解明』（「あたかも、祭の日に……」）のなかで、ギリシア語の「自然」をローマ人が「産み出されるもの」という意味の〈natura〉という言葉に訳したときすでに誤訳がはじまったなどと言っていますので、彼の視野には〈うむ〉論理も入っていたのかもしれません。

それはともかく、ハイデガーはプラトン／アリストテレスのもとで超自然的思考様式と物質的自然観とが連動しながら成立し、〈ある〉ということ、〈存在する〉ということが〈つくられてある〉ことと受けとられることになり、この存在概念が以後〈西洋〉という文化圏の文化形成を規定してきたということを明らかにしようとしたのです。

むろん、ハイデガー以前に、すでにニーチェが、西洋文化の青写真を描いてきたのは〈プラトニズム〉だと名指し、もう一度「ソクラテス以前の思想家たち」の生きた自然の概念を復権することによって西洋文化形成の方向を転換しようとしています。ニーチェが最晩年に構想していた「力への意志」という概念は、草木が花開き動物が成長してゆくように、つねに現にあるよりより強くより大きくなろうとする生《レーベン》の本性を名指そうとするものでした。

ハイデガーも、こうしたニーチェの思想の影響下に、生きた自然という古い自然概念を復権させて、自然を単なる制作の材料と見る西洋文化の限界を打ち破ろうとしたのです。丸山さんとは逆に、「なる」論理によって「つくる」論理の克服をはかったことになりますが。

ハイデガーと丸山眞男

ハイデガーは一八八九年生まれ、丸山眞男は一九一四年生まれ。丸山さんはひょっとするとハイデガーを読んでいたかもしれませんが、ハイデガーが丸山さんのものを読んでいるわけはありませんし、学問上はたがいにほとんど関係がありません。しかし、それぞれ西欧と日本の文化の根底を問題にしようとした時に、まったく別の角度から似たような考えにいきついたということは、とても興味深いことです。

もちろん、近代主義者の丸山さんのばあい、「つくる」論理によって「なる」論理を克服するのが近代化ということになりますから、ハイデガーが克服しようとした超自然的原理を日本でも導入すべきだと言い出しかねません。一方で、ハイデガーは「なる」論理によって「つくる」論理の乗り越えをはかるわけですから、近代化途上の日本の知識人の悩みを理解することは難しかったでしょう。

二人の方向はまるで逆ですが、いずれにしても「ある」ということを「なりいでてある」と見るか、「つくられてある」と見るかが問題になっていることは明らかです。「存在とはなにか」「あるとはどういうことか」を問う「存在への問い」がけっして禅の偈《げ》のような神秘主義的な答えをもとめるものでないことはお分かりいただけたと思います。

もちろん、「ある」ということを「つくられてある」と見るか「なりいでてある」と見るかは、人間の見方にかかっています。ですからハイデガーは、「存在」は「存在しているもの」に属するものではなく、人間の「存在了解」——存在者を見る見方

――に属しているのであり、この「存在了解」は人間のその時どきの生き方と連動していると主張するのですが、このあたりは話が面倒になるのであとまわしにするとして、いまは、古代の日本人と同様に、自然を生きて生成消滅するものとして見る、いわばアニミスティックなものの考え方をしていた古代ギリシア人のもとで、どうしてプラトンがそうした生成消滅をまぬがれた超自然的原理であるイデアを想定したり、「つくる」論理を発想したりできたかが気になります。

先生のソクラテスの刑死のあとしばらくして、三十代の半ばごろから世界漫遊の旅に出たと伝えられるプラトンが、その旅の途中、北アフリカにあったギリシア人の植民都市キュレネやエジプトを訪れただろうということはブルクハルトなども認めています（『ギリシア文化史』）。そのあたりで、ユダヤ系の世界創造神話に接触する機会があったのかもしれません。

これまで見てきたような超自然的思考は一神教的宗教と関連がありそうに思えますが、古代ギリシアの宗教はオリュンポスの神々を祭る公的な宗教にしても、エレウシスの秘儀やディオニュソス崇拝のような秘儀にしても多神教的なものでしたから、プラトン／アリストテレス流の超自然的思考が一神教と結びつくとはかぎりません。しかし、プラトンの考えるイデアのイデア、つまり〈善のイデア〉や、アリストテレスにとっての最高の形相、〈純粋形相〉などには、唯一神《ゆいいつしん》への信仰を準備するところがあるように思えます。プラトン／アリストテレスの設定した超自然的原理が、キリスト教神学によって世界創造神と重ね合わせて承《う》け継がれたのには理由があったと言えそうです。

一方でプラトンが、堕落のどん底にあったアテナイにおいて、師ソクラテスの遺志を継ぎ、わが祖国をいかにすべきかに心を砕き、国家はこれまでのように成りゆきまかせにしてよいものではなく、一定の正義の理念を目指してつくられるべきものだという新たな政治哲学を構想しようとしていたことは『国家』という対話篇などからも確かです。朱子学がどこか、血腥《ちなまぐさ》い戦国の世の勝者である家康の魂を鎮《しず》めるような色彩をまとい、徂徠学は幕府と武士階級という一種の官僚制度が成立したゆえの危機から生まれたように、非政治的に受け取られているギリシア哲学もまた、激烈な政治闘争のなかから生まれてきたものでした。プラトンもこうした政治哲学を基礎づける一般的存在論として、「つくる」論理に立つイデア論を構想したようにも思われます。

第二章　古代ギリシアで起こったこと

古代ギリシアの思考改革

西洋を西洋たらしめた人はソクラテス（前四六九―前三九九）とプラトン（前四二七―前三四七）です。西洋哲学はすべて、プラトンのテキストへの注釈だという言い方もあるほどですが、ここでは、日本人のわたしたちにとっても重要な意味をもつ二人の登場について考えてみたいと思います。

夏目漱石《そうせき》は『夢十夜』の第六夜のなかで、運慶がどうやってあの彫刻を生み出したのか、その秘訣《ひけつ》を、木のなかに埋まっている眉《まゆ》や鼻を、鑿《のみ》の力で土のなかから石を掘り出すように掘り出すという言い方で述べています。この考え方は、自然のままを尊び、人為を否定する日本人の芸術観の典型です。しかし、この話は、明治の木にはとうてい仁王は埋まっていないことを悟るという皮肉な結末を与えられています。

漱石は鋭敏な芸術家の感性で、西洋化された日本では、かつてもっていた美質である「自然」そのままという芸術が成り立たなくなっていたことを感じ取っていたのではないでしょうか。先駆者として、西洋と東洋という問題に深刻に悩んだ漱石は、明治という時代の味わった変化の本質を、たった一夜の夢として表現したわけです。

ところが、西洋では、漱石が感じ取った変化がすでに遠い昔、古代ギリシアで起こっていました。その根本的転換を惹《ひ》き起こした張本人は、いうまでもなく、ソクラテスとプラトンという西洋哲学の始祖です。

ソクラテスは、第二次ペルシア戦争終結のおよそ十年後、紀元前四六九年にアテナイに生まれ、ペロポンネーソス戦争終結後間もない前三九九年に刑死しました。ソクラテスが誕生する前の半世紀ほどのあいだのギリシアは、大国ペルシアの侵攻にさらされて、都市国家であるポリス同士が連合して対抗しなくてはならず、二大大国であるスパルタとアテナイのどちらがその盟主になるか、という状況でした。

しかし、スパルタは一種のモンロー主義をとり孤立していたため、自然とアテナイがポリス連合体、デロス同盟の盟主になりました。アテナイは、ペルシアがいつ攻めてくるかわからないなか、同盟下のポリスから同盟費を集めて同盟軍を組織し、戦費を貯《たくわ》えます。はじめは、デロス島に同盟の本拠地を構えて、同盟軍も基金もそこに置いていたのだけれども、だんだんアテナイに本拠地を移し、その同盟費を流用してパルテノンの神殿を作ったりするようになります。アテナイはかなりの帝国主義国家になりました。

アテナイとスパルタの両大国には、はっきりとした違いがあります。ポリスは、いわゆる少数寡頭《かとう》政体、少数の貴族による合議制で政治を行なうのが一般的であり、その代表格がスパルタでした。その政体を、市民の全員参加による直接民主政体に変えたのがアテナイでした。とはいえ、ポリスでは女性には選挙権がなく、市民の暮らしは奴隷《どれい》労働によって支えられていましたから、現在の民主主義国家とはかなり性格の違ったものでした。市民は、戦争の捕虜を奴隷として使っていました。選挙権のある市民は、納税や徴兵に応じる義務がある一方、選挙に出て当選すればすぐにも国政――といっても、将軍職に限られていたようですが――に直接参加できるシステムでした。

紀元前五世紀初めの二次にわたるペルシアの侵攻に辛勝しているうちに、ペルシア国内で内紛が起こって、ギリシアまで侵攻してくる余力がなくなりました。しかし、ペルシアの脅威を口実にデロス同盟を組織したアテナイは、同盟に加わっているポリスに民主政体をとるように強要したり、裁判に介入したりして、同盟諸国に横暴な圧力をかけ続けました。このあたりで、ギリシアのポリスに直接民主政体か少数寡頭政体かという対立の構図が浮かびあがってくるわけです。

デロス同盟に加入したポリスのなかにも、アテナイの政治的干渉をきらい、スパルタに頼ろうとするものも出てきました。こうして、ギリシアの全ポリスがアテナイがわとスパルタがわとに分かれ前四三一年から前四〇四年までおよそ三十年間も戦うペロポンネーソス戦争が始まります。ちょうどそのころソクラテスは成人していて、市民としてこの三十年戦争に三回従軍しています。

アテナイvs.スパルタ

当時のアテナイは地中海交易の中心地の一つでした。焼き物の壺《つぼ》を開発するという小規模な産業革命が起こり、それを周辺諸国に売り、アテナイはポリスのなかでは極めて豊かな国でした。海外の植民地から渡航してきた人びともみなアテナイに集まるから文化的にも多彩ですし、ペリクレスという有能な指導者が出て、ペリクレス時代と呼ばれる黄金時代を現出しました。

とはいえ、アテナイではひどい衆愚政治がまかり通っていたんです。一人のデマゴーグが出てきて、議会で調子のいいことを言えば、みんながワーッと同調して、ひどいこともしました。ペロポンネーソス戦争のあいだにも、メロス島事件と呼ばれる大虐殺《ぎゃくさつ》をおこなっています。メロス島はミロのヴィーナスが発見された小さな島ですが、戦争中にはっきりとスパルタがわについたために、圧倒的に優勢なアテナイ軍が占領しました。その時アテナイの議会では、メロス島の男の市民は全部死刑にし、女や子どもなどはみんな奴隷にしてしまえなんて提案が出され、しかも、喝采《かっさい》をもって可決されてしまいました。すぐ命令書をもった使いが船で出発したのですが、一晩寝て冷静に考えるとやっぱりあれはひどい決定だったと思いあたり、もう一度その命令を中止するための使いの船を追いかけて出したものの、もう間に合いません。ついに、メロス島の男の市民は全員殺されてしまいました。

ところが、そうしたデマゴーグのなかにソクラテスの昔の弟子もいたんです。その代表格がアルキビアデース（前四五〇頃―前四〇四）でした。名門の出で、堂々たる偉丈夫だし大変な美男子で大金持ち、頭の回転も早く弁舌も爽《さわ》やかで、若いころはソクラテスの恋人だった男です。二十五歳になると被選挙権が得られるので、たった三人しかいない将軍職に立候補してみごと当選し、アテナイの将軍（軍事指導者）になりました。ちょうど、アテナイとスパルタが休戦条約を結び、「ニキアスの平和」と呼ばれる休戦期間だったんですが、アルキビアデースは得意の演説で議会を動かし、その休戦条約を破って、スパルタの物資補給基地であるシシリー島に大遠征を仕掛けます。

ありったけの船と軍勢を連れて遠征し、最初は奇襲攻撃だから上手《うま》くいったものの、上陸するとスパルタ軍に海岸線を遮断されて、六千人いた兵隊がみんな山に追い上げられ、大理石を切り出したあとの石切場に追いこまれて、ほとんどが餓死したと言います。アルキビアデース本人はシシリー島到着と同時に出発前のある罪で本国に召還されたのですが、その途中逃亡し、こともあろうに敵国のスパルタに逃げこんで、アテナイをやっつけるにはどうすればいいかという秘策を洗いざらい教えてしまいました。

アテナイには、近くにペイライエウス（現ピレウス）という港があって、スパルタはそれまで、夏の間はこの港とアテナイを遮断してアテナイに籠城《ろうじよう》戦を強制するんですが、冬になると包囲を解いて国に帰ってしまいます。その間に、アテナイは港から物資を運びこんで夏の籠城戦に備えていたわけです。ですから、冬もペイライエウスとの通路を遮断してしまえば、アテナイはお手上げです。アルキビアデースはこうした攻略法をスパルタに授けたのですから、ひどい話です。アテナイ市民は大変な飢えに苦しみます。これが大きな敗因になりました。その一方で、アルキビアデースは、スパルタ王の奥さんに手を出して、子どもを産ませたりしましたので、スパルタにもいられなくなってペルシアに逃げこみ、またしても王侯貴族のような暮らしをする。その揚げ句、今度は、サモス島にあったアテナイの海軍基地に乗りこみ、得意の演説で籠絡してその指揮官になる。スパルタとペルシアの両方の内情に通じているわけですから、最初は赫々《かっかく》たる勝利をおさめて再び凱旋《がいせん》将軍になってアテナイに帰還するものの、次の海戦では大敗北を喫し、またペルシアに逃げていきます。最後はペルシアで入浴中にスパルタの刺客に刺されて死んでしまいます。なかなかの傑物には違いなく、プルターク（四六―一二〇）の『英雄伝』のなかの「アルキビアデース伝」はとても面白いものですが、アテナイ市民にしてみればたまったものではありません。

ソクラテスの周りにはほかにも若くて政治的野心のある良家の青年たちがいっぱい集まっていました。アテナイの現状を嘆き、こんな衆愚政治ではどうにもならないから、なんとかしなければいけない、と思う若者はみなソクラテスの弟子だったといって過言ではありません。当時のポリスでは、アテナイ的な直接民主政体をとるかスパルタ流の少数寡頭政体をとるかという議論が盛んにされていましたが、現実のアテナイは、ことを政治に限れば、豊かであることをいいことに、無定見な多数決で事を決し、いわばその場しのぎの成りゆきまかせでした。デマゴーグが出てきて煽動《せんどう》するとすぐそれになびくようないいかげんな政治になっていました。直接民主制というものは、そうなりがちなものなのです。

これは現代でも変わりません。もともと、多数決による民主主義というのは政治理念ではありえないのです。二十世紀でも、第二次大戦前は、デモクラシーなど政治イデオロギーではないというのが一種の常識になっていました。ちゃんと真面目《まじめ》に政治を考えている人間の一票と、なにも考えていない人間の一票が同じでいいのか、という認識は右翼にも左翼にも共通していました。私の子どものころの記憶でも、戦前の日本、あるいはドイツあたりでは、ファッシズムかコミュニズムか、どちらかを採るしかないという二者択一を迫られていると思われていて、デモクラシーを同じ資格の政治的な立場とみなす人はあまりいなかったと思います。

第二次大戦でアメリカが勝ったのが大きな分岐点でした。敗戦国、あるいは大きな打撃を受けた国が、おおむね全体主義国家、つまり寡頭政体だったために、結果的に民主主義が一つの政治イデオロギーに昇格することになりました。政治にはさまざまな考え方が存在するという以前に、民衆は誰がどんなことを考えていてもまったく無視するというのが常です。だとすれば、少なくとも、民主主義が無条件にいいということにはならないのではないか。でも、今の日本やアメリカでこうした主張は、ほとんど目にしませんし、ソクラテスの時代の少数寡頭政体支持者たちのように多数決を否定することなどタブーに近い印象があります。当時、ソクラテスは少数寡頭政体支持者たちのイデオローグと見られていたわけですが、アテナイとスパルタとの緊張関係を考え合わせると、かなり危険な立場だったことは言うまでもありません。

ソクラテスが告発された真の理由

紀元前四〇四年、ペロポンネーソス戦争で、アテナイは結局スパルタに敗北します。アルキビアデースは、重要な戦犯の一人でした。しかし、ご本人はその年、亡命先のペルシアで刺客に刺されて敗戦直前に死んでしまっていたから、責任をとらせることができない。納得できない気持ちが、彼の先生のソクラテスに向けられました。

その上敗戦後のアテナイには、スパルタ占領軍の管理下で三十人の代表が選ばれ、「三十人政権（トリアコンタ）」と呼ばれる新憲法制定委員会のような政権がつくられました。政権の中軸は、穏健な民主派でしたが、そこには少数寡頭政体を支持したためにペロポンネーソス戦争期間中スパルタや中立国に亡命していた人びともふくまれていました。そしてその大部分がソクラテスの昔の弟子なんです。彼らは、第二次大戦後、野坂参三が中国から帰ってきたように戦後帰国してきて、GHQがあって共産党がいてといった当時の日本とかなり似た構図となりました。

ところが、亡命帰りのソクラテスの弟子たち、クリチアス（前四六〇頃—前四〇三）やカルミデス（前四五〇頃—前四〇四）といった連中がやがて戦争中の民主派の責任追及をしはじめます。若いころはみんな悲劇や詩を書いたりする文学青年だったんですが、亡命しているうちに過激な政治家になっていて、帰国後も最初のうちは大人しくしていたものの、だんだん戦争に積極的だった民主派の連中を捕まえて、戦争責任の追及を手厳しくしはじめました。少数寡頭政体の支持者ということでスパルタ占領軍の支持を受け、政権内部の穏健派をまで断罪したりするほど過激化していったので、ひどい内乱が起こります。民主派の連中が隣国のメガラに逃れて、三十人政権の横暴に抵抗したので、親子兄弟が敵味方に分かれて殺し合うようなことになり、アテナイに深い禍根を残しました。「三十人政権の乱」と呼ばれるこの一年間の内乱で三十年戦争の死者よりも多くの市民が命を落としたと伝えられています。

ところで、この内乱の首謀者であるクリチアスやカルミデスはみなプラトンの親戚《しんせき》で、ソクラテスの昔の弟子でした。プラトン自身はまだ二十三、四歳で、アテナイにいたけれども、三十人政権の乱にはコミットしていません。同門で同じ年ごろのクセノフォン（前四三〇頃―前三五四頃）――『ソクラテスの思い出』の著者――は、スパルタに亡命しています。年齢と立場を考えると、プラトンの政治的な動きがないのは不思議ですが、ソクラテスがたしなめて軽挙妄動を抑えたのかもしれません。実際、ソクラテスは、三十人政権の時代、クリチアスやカルミデスに、民主派の大物や中間派の連中を逮捕する部隊の指揮官に任命されたのにそれを断わったり、町中で三十人政権批判をしたりして、昔の弟子たちのすることに批判的だったようです。

内乱は、クリチアスやカルミデスが戦死し、彼らを助けた占領軍司令官リュサンドロスの権力拡大を恐れたスパルタ王が直接調停に乗り出すことによって前四〇三年に終結しました。和解の条件は、アテナイがふたたび民主政体に戻ることと、今後両派はたがいに過去の責任を一切追及し合わないということでした。しかし、アテナイ国内がそんなことで収まるものでしょうか？

前三九九年のソクラテス裁判にいたるまでの経緯を、かいつまんで紹介してみましたが、ソクラテスがかなり複雑な立場に置かれていたことは、ご理解いただけたでしょう。ソクラテスという男は、いつも時の政権を批判し、志のある若者たちを周囲に集めていました。その連中が長じて国に大きな害悪をなしたわけです。風貌《ふうぼう》も、かなりすごみもあり存在感もある醜男《ぶおとこ》で、体力もあった。エーゲ海の奥のポテイダイアでのスパルタ軍との戦いで、アテナイ軍が敗れて退却したとき、怪我《けが》をした大男のアルキビアデースを重い鎧《よろい》もろとも肩に引っ担《かつ》いで、群がる敵のなかを悠々と退却したら、スパルタ軍がみんな道を開けて通したというくらいです。ソクラテスには、ペロポンネーソス戦争の敗戦から三十人政権の乱の終結まで、反体制の黒幕とみなされて、いわば若者たちを教育した責任を問われても仕方がないところがあったように思われます。

謎《なぞ》めいた裁判

前三九九年の春、ソクラテスは、アニュトス、メレトス、リュコンという三人の市民によって、「国家の認める神々を認めず、新しい鬼神《ダイモーン》の祭りを導入し、かつ青年に害悪を及ぼす」という三つの理由で告発され、裁判にかけられます。裁判の過程は、プラトンの『ソクラテスの弁明』に詳しく書かれています。これはプラトンの初期の作品ですから、あまり虚構はなく、師の言行を忠実に写したと考えていいと思います。しかし、あれを読むだけでは、よく分からないところがあるはずです。

まず、三人の告発者ですが、アニュトスは有名な民主派の政治家で、昔ソクラテスと、若いアルキビアデースをめぐって恋敵になったこともあるくらいだから、告発者になって当然だとしても、メレトスは不良少年の三流詩人、リュコンは他人の裁判原稿の代筆屋のようなもので、ソクラテスを告発するほどの関係があるとはとうてい思えない人物たちでした。実は、後の二人は単なる傀儡《かいらい》であり、実際は民主派の政治家たちが、内乱後ようやく落ち着いてきたアテナイで、本来なら謹慎しているべきソクラテスが依然として平然と政治批判をしていることに腹を据えかね、彼らを雇って告発したのだということは、アテナイの市民はみんな知っていました。

たがいに戦争責任の追及はしないという申し合わせが忠実に守られていたので、アルキビアデースやクリチアスやカルミデスを教育した責任の追及という本来の罪については、「青年に害悪を及ぼす」という漠然とした言い方で以外、表立ってはほとんど触れられていません。だいたい、ソクラテスほどの問題的な人物を、国家の認める神々とは別の神々を祭ったというくらいのいい加減な理由で告発できるはずはないのです。

たぶん、民主派の政治家にしても、ソクラテスを死刑にまでする気はなかったのでしょうが、ソクラテスは逃げようとしない。まず、表向きの告発に対しては一貫して否認し、また反民主主義者だという、背後の真の告発理由に対してもこう答えます。つまり、自分はたしかに民主政体批判はしたが、だからといって少数寡《か》頭《とう》政体を支持しているわけではない。その証拠に、三十人政権の時代には彼らを批判していた。もしあのままの状況が続いていれば自分は彼らの手で殺されていたはずである。自分は民主政体も少数寡頭政体もどちらも支持してはいない、眼前の現実政治を批判しているだけなのだと主張するんです。

極めつきの皮肉屋

このあたりの事情を呑《の》みこんだ上でプラトンの書いた『ソクラテスの弁明』を読んでいただきたいのですが、ソクラテスの演説はとても筋が通っています。しかし、彼の主張はどこかふしぎで、民主政体も批判するし、少数寡頭政体も批判するという具合に、徹底的に否定的です。この裁判においてだけではなく、彼は、弟子たちにもポジティブなことは一切教えません。ひたすら、あれもだめ、これもだめが続いてゆきます。皮肉屋で、口先だけではなく生き方そのものもアイロニカルなのです。この裁判でも、彼には助かろうという気は全然なく、まるで嫌がらせでもするかのように自説を主張するのですが、それが、自分はいかなる立場にも立つつもりはなく、ひたすら眼の前に現われる立場を否定するだけ、という妙な主張なのです。

青年プラトンは、そうしたソクラテスの独特な否定的態度をうまく描いています。彼の初期の対話篇は、ありし日の先生の姿を後世に伝えようという意識で書かれたからか、ソクラテスの言動のいきいきとした息吹《いぶき》を伝えています。ソクラテスには、自分の言葉を後世に残そうという気などまったくなかったのだから、プラトンがいなければ彼の名がここまで大きく伝えられることはなかったと思います。

前にも言いましたが、ソクラテスは自分自身をソフィスト（知識人・学者）ではなく、ホ・フィロソフォス（知を愛する者）だと言っていますが、これと、彼が裁判で見せた不可解な政治的な態度決定とは無関係ではありません。つまり、彼は、自分にあるのは知りたいという欲求だけであって、これといって積極的に示すことのできるような知ではない、と言おうとしているわけです。ここでも彼は、なんらかの既成の知を拠《よ》り所にするのではなく、いかなる拠り所もなくいわば無を立場にして、いっさいの既成の知を批判し否定しようとしていたことになります。

その意味では、師弟といっても、ソクラテスとプラトンとは、はっきり違います。プラトンの方は、前にも話したように、超自然的原理を設定し、それを参照にしながらすべてのものを見ていくという、まったく新しい特殊なものの見方、考え方を積極的に形成するのですが、ソクラテスには、そんなふうに積極的に示すことのできるようなものはなにもありません。

ソクラテスとは何者か

こうしてみると、ソクラテスは時代の切れ目を生きた人だとは言えるでしょう。スパルタとアテナイとのあいだの三十年にわたる戦争が終わり、やがて半世紀ほどすると、アレクサンダー大王の父親の率いるマケドニア軍がギリシアのポリス連合軍を破って、ポリスを大帝国のうちに一都市として取りこんでしまいます。ポリスというのは、大きくても市民の数は五万人ぐらいの都市国家だったのですが、そこを舞台にしてギリシア人はその民族的生命を展開していました。そのポリス時代が終り、世界帝国が展開されるヘレニズム時代に移行するその時代の切れ目にソクラテスは生き、いわば時代を切断する役割を果たしたとは言えそうです。地中海のなかのせまい地域で、自然にうまく包みこまれて生きていた人たちの古い世界観を完全に断ち切る役目をした人ということになるのでしょうか。

ソクラテスはソフィストを批判したということがよく言われますが、ソフィストにしてもけっして時代遅れの人びとというわけではないんです。確かに、若者たちに妙な詭弁《きべん》術を伝授したりして害悪をおよぼす人たちもいたかもしれませんが、プロタゴラス（前四八五頃―前四一〇頃）やアナクサゴラス（前五〇〇頃―前四二八）のように骨格のしっかりした思想家もいました。しかし、一般的に言って、このソフィストたちはヘラクレイトスやパルメニデス（前五一五頃―前四五〇頃）やアナクシマンドロス（前六一〇頃―前五四六頃）といった、自然的な思考をしていた人たち、「ソクラテス以前の思想家たち」の末裔《まつえい》であることに違いはありません。ソクラテスは、なんらかの理由から、これまでのギリシア人の物の考え方の大前提に大鉈《おおなた》を振るって、それをすべて否定するという役割をみずからに課したのでしょう。もっとも、なぜそんなことをしたのかには、よく分からないところがあるのですが。

そのとき、ソクラテスのとったやり方が当時のアテナイ市民によってエイローネイアー（eirōneia）と呼ばれていました。これがほとんどそのまま近代語に入って、たとえば英語ならアイロニー（irony）、ドイツ語ではイロニー（Ironie）となります。アイロニーには、通常「皮肉」という訳語が与えられています。西洋の哲学者にはこのアイロニーに深い意味を与えようという人たちもいますが、むしろ、ソクラテスは極めつきの皮肉屋、というぐらいに考えておいた方がいいのかもしれません。

キルケゴール（一八一三―五五）の学位論文がソクラテスのアイロニーについて論じた『イロニーの概念』という大きなものでした。これはどうも、逃げ水をつかまえようとしているうちに延々と長くなってしまったようなものなのですが、むりやり要約してみると、こんなことになりそうです。普通、皮肉というものは、腹のなかに言いたいことがあるのに、それとは正反対の表現を口にするやり方ですが、ソクラテスの場合、あれだけ饒舌《じょうぜつ》なのに、腹のなかに言いたいことなんか一つもないんです。キルケゴールはこれを、否定のための否定、無限否定性としてのアイロニー、と言っています。否定というのは、普通はあるものを肯定するためにもう一方を否定するという限定的な否定であるのが普通ですが、ソクラテスの否定はなんでもかんでも目の前に出てくるものを片っ端から否定する無限否定だと、キルケゴールは言うのです。

ソクラテスは自分の立場を「無知の知」と言いますが、これを額面どおりに受けとると、彼にはこれと言えるような積極的な知はいっさいないということになるわけです。それでもなお彼のやり方がアイロニーと呼ばれるのには、複雑な仕組みがあるのでしょうが、キルケゴールはそこを考えつめていくのです。

キルケゴールに先立って、十九世紀初頭のドイツ観念論の時代、つまりヘーゲル（一七七〇―一八三一）が登場してくる前後の時代に、フリードリッヒ・シュレーゲル（一七七二―一八二九）やゾルガー（一七八〇―一八一九）といったドイツ・ロマン主義の思想家たちがソクラテスのアイロニーを問題にしています。彼らは、すべてを否定し、自分自身をさえ否定していくアイロニーに、芸術家としての最高の境地を見て、それを「ロマン主義的アイロニー」と呼んでいたのです。

ヘーゲルも、こうしたアイロニカルな生き方を高く評価はしたのですが、しかしこれはあくまで「主観性の最尖端《さいせんたん》」にすぎない、つまり主観的立場の極限ではあるけれど、主観性と客観性を統合した絶対的立場には達していない、と言って限定をつけています。それに抗議するためにキルケゴールが、ソクラテスのアイロニーの本性を問いきわめようとしたわけです。

日本でも、たとえば太宰治《だざいおさむ》などが、このロマン主義的アイロニーに強く共感し、みごとに再現してみせましたが、しかし、結局は彼も自殺しています。その提唱者のフリードリッヒ・シュレーゲルも、すぐにカトリックに入信したりしていますから、無限否定性を本質とするアイロニーを生きぬくのは大変なことで、ソクラテスのような巨人にしかできないことなのかもしれません。

ソクラテスが人類の精神史の上でも特異な存在であることは間違いありません。孔子などと比べてみても、積極的な主張や教訓のたぐいをいっさいもち出さないところが際立《きわだ》っています。この人はなに一つ新しいものをもち出そうとはせず、ひたすら否定に終始したのです。あれはあれ、これはこれという限定がなく、あれもこれも一切合財《がっさい》否定し、さてそれでは知への憧《あこが》れとはなにかと考えてみても、正体がつかめません。

現実的な知の体系をめざすヘーゲルにとっては、ソクラテスは目の上のたんこぶのような存在だったようですし、ニーチェも『悲劇の誕生』で、ソクラテス以後のギリシア人が健康さを失ってダメになった元凶だと言っています。ニーチェは、ソクラテスが果たした「否定」という大きな役割の根拠は、彼がよく口にする「鬼神《ダイモーン》の声」に見られると言っています。これは、ソクラテス裁判でも、「新しい鬼神の祭りを導入し」と、告発の理由の一つにされたものなのですが、それはこういうことです。

ソクラテスには奇妙な発作がありました。なにかをやりかけているとき、突然その動作をストップし、動かなくなってしまうのです。それが一昼夜、二十四時間に及ぶこともあれば、一時間くらいですむこともあります。プラトンの対話篇、たとえば『饗宴《きょうえん》』のなかでも、その状況が描かれています。おそらく、古来神聖な病とされてきたてんかんの小発作だったのではないかと思われるのですが、その発作が起こったあと、「いったいなにをしてたんだ？」と尋ねられると、ソクラテスは「鬼神の声を聴いていたのだ」と答えるのが常でした。

そして、「鬼神はなにを語りかけてくるんだ？」と訊《き》かれると、鬼神はこうしろああしろと命令するのではなく、こうするな、ああするなと否定的な命令を与えるのだと、ソクラテスは答えていました。ここからニーチェは『悲劇の誕生』で、ソクラテスは鬼神《ダイモーン》――ソクラテス自身は「ダイモニオン」と呼んでいますが――から否定という使命を与えられていたと見ているようです。

ソクラテスは、ギリシア人たちがポリス時代からヘレニズムの時代へ移る大きな転換期に生き、古代の日本人にも見られたような「自然」な思考法を徹底して否定しようとした人のようです。結果的には、プラトンやアリストテレスが超自然的な原理を設定するための、思考の舞台の大掃除をし、その準備をしたことになりますが、彼自身は、プラトンたちのもち出す新しい思考様式の形成に協力する気はまったくなくて、ひたすら否定に徹したところが独特です。やはり、誰にとっても気になる正体不明の男であったことに間違いないでしょう。

プラトンの世界漫遊旅行

プラトンは、ソクラテスとは四十三歳ほどの年齢差があります。年長の親戚《しんせき》の者たちとともに幼いころから師の周辺にいましたが、ソクラテスはすでに老人になっていました。講義のようなものがあるわけではなく、師の周りでぶらぶらしている弟子たちのなかで育ちます。もともとプラトンは、アテナイの名門の出で、政治の中枢《ちゅうすう》に親戚もいますし、スパルタとの戦争のなかで揺れ動く社会をかなり精度の高い情報をもって観察していたはずです。

二十八歳で迎えたソクラテスの刑死は、プラトンの人生に決定的な影響を与えます。処刑直後は、連座の危険を避けて隣国のメガラに逃れ、情勢が落ち着くのを見計らって帰国し、純粋に師の言行を後世に伝えようと十数篇の初期対話篇を書きました。この時点では、プラトンの思想と呼べるようなものはなかったと思います。

その後世界漫遊の旅に出かけます。エジプトやアフリカ北岸のギリシア人の植民都市キュレネにいき、帰途、当時南イタリアのタラントに拠点があったピュタゴラス（前五六〇頃―前四八〇頃）の開いた教団にも立ち寄り、数年間、当時教団を率いていた大数学者アルキュタス（前四三〇―前三六五）から数学を学び、その後シシリー島にも渡ってシュラクサイに滞在したあと帰国したと伝えられています。この旅のなかで、自分の思想を形成し、帰国してアテナイ北西郊外のアカデモスの森にアカデメイアという名の学園を開きました。

とはいえ、実は、どことどこへいったのか正確には分かりません。キュレネにいったという説は、ギリシア古代史やルネサンス史の第一人者であるブルクハルト（一八一八―九七）が唱えていますが、これはいままで論じてきた「超自然的原理」がどこからきたのかを知る上で、かなり重要な問題になってきます。

アフリカの北海岸はユダヤ人の居住区であり、モーゼのエクソダス（出エジプト）の地もそのあたりでした。自然を超越した原理であるイデア、特にもろもろのイデアのイデアである〈善のイデア〉といった考え方や、世界は〈つくられたもの〉だという考え方は、ユダヤ人の信仰である一神教や、その世界創造説との接触によって生まれた可能性がないではないと思います。

前にも言ったように、ソクラテスの思想には、積極的なものはなにもありません。弟子としては、人生をどう生きるか、暗中模索だったのでしょう。ユダヤ人の信仰する唯一神《ゆいいっしん》、その神によって創造された世界という発想は、大きなヒントになったはずです。あるいは、ピュタゴラス教団の信奉する「数」にも、自然を超える原理といった性格があります。そのあたりから、プラトンは自分の思想、つまり「つくる」論理の芯《しん》になるものを見つけたのではないでしょうか。

西洋を生み出した飛躍

もっとも、ブルクハルトはプラトンが旅行中にユダヤ教と接触した証拠を挙げているわけではありません。プラトン自身、先生のソクラテスの思想とどう取り組み、それにどう対処したのかを明かしていないのだから、問題は複雑になってきます。

日本人のように、自然のなかで生きていれば、プラトンのように超自然的原理を突如として思いつくということはありそうにも思えません。日本人には、どうしてもユダヤ／キリスト的な一神教をほんとうのところで理解することができないというのも、同じような事情によるのではないでしょうか。

　プラトンの若いころの対話篇では、ソクラテスが出てきても、すべて〝ああ、きみもわからないのか。おれもわからない。つまり、そういうことだ〟という調子で、結論らしいものはまったく出されないのです。ところが、四十歳くらいになってアカデメイアを開いてから書いた対話篇では、もうイデアという考え方がはっきり出てきていて、かなりシステマティックな思考を展開しています。プラトンの対話篇のなかでも、そのころに書かれた『国家』は彼の代表作になるのでしょうが、初期対話篇とははっきりレベルの違う思考を展開しています。思考法のこの飛躍が、その後の西洋思想の方向を決定することになったわけですから、たいへんな転換です。

　イデア論は、なぜ西洋に大きな変化をもたらしたのでしょうか？　イデアというのは、idein（見る）という動詞から生まれた言葉ですが、プラトンはこの言葉で、「魂の眼」でしか見ることができない、けっして変化することのない物事の真の姿を指します。たとえば、三角形のイデアがあるとしたら、純粋な二次元の平面に、幅のない直線で描かれた三角形でなくてはならないわけです。それは、肉眼では見ることができませんが、魂の眼によって直感できるはずだとプラトンは言うのです。

　いわば、目の前にある物はイデアの模像にすぎず、人間が感じ取れる世界は、真に存在する世界であるイデア界の似姿に過ぎない。なにが真に存在する本物かという価値判断の基準をまったく逆転させたところに、プラトンの独創があるわけです。

ここから、プラトンはイデア論をさまざまな方向に展開するわけですが、ここでは深入りするのは止《や》めにします。だいたい、プラトン自身が後に自分の弟子たちがイデア論を形式的に論じることを批判しなくてはならなかったのですから、「イデア」というのはかなり厄介な考え方です。もし、ソクラテスが生きていたら、はたしてプラトンのイデア論にどう難癖をつけたかと、意地悪な想像をしたいくらいです。

いずれにせよ、人には「魂の眼」が備わっていて、その眼でしか見えない真の存在に近づくことを目指して生きることこそ正しい生き方というのが、プラトンの考え方でした。

プラトンという人はかなり政治の世界に深入りしていて、現実社会の腐敗堕落を嘆く理想主義者でした。ソクラテス裁判をつぶさに見た後も、シシリー島で一つの事件に遭遇しています。これはプルタークの『英雄伝』のなかの「ディオン伝」や、そのディオンの遺族に宛《あ》てたプラトンの「第七書簡」に出てくるエピソードですが、プラトンは先ほどふれた世界漫遊旅行の帰途、ピュタゴラス教団を出たあと、シシリー島のシュラクサイで独裁者ディオニュシオス一世の宮廷に滞在し、王の義理の弟ディオンと親交を結びます。ところが、プラトンは、毎日酒池肉林という乱れたシュラクサイの宮廷に腹をすえかねて、ディオニュシオス一世にお説教をしてしまい、捕えられて奴隷《どれい》として売られてしまったのです。

ディオンが一所懸命奔走し、ピュタゴラス教団のアルキュタスの協力も得て、お金を集めて奴隷商からプラトンを買い戻してアテナイに帰し、自分もまた後から追いかけてアテナイにいってプラトンの開いた学園アカデメイアで勉強し、プラトン門下の高弟になります。のちにプラトンは、アカデメイアを通じてのアテナイの改革を諦《あきら》めて、ディオンを通してシュラクサイに理想の政治を実現しようとし、結局シュラクサイは大混乱に陥ります。「哲学者は現実政治に介入すべきではない」というみごとな実例を作ることになりますが、成否はともかく、プラトンはいつも現実の変革を考えていた人であることは確かです。

おそらくプラトンは、先生のソクラテスを断罪したアテナイの現実政治に絶望し、これまでアテナイを支配してきたいわば「なりゆきまかせ」、「なる」にまかせる政治哲学、さらにはそれを支えている「なる」論理を否定し、ポリスというものは一つの理想、つまり正義の理念を目指して「つくられる」べきものだという新しい政治哲学を構想しようとしたのでしょう。それは、『国家』という対話篇で具体的に展開されています。しかし、そうした政治哲学を説得的に主張するには、ポリスに限らずすべてのものが「つくられたもの」「つくられるべきもの」だとする一般的存在論によって基礎づける必要があります。そうした一般的存在論としてイデア論が構想されたにちがいありません。

たしかにイデアに似た超自然的原理は、エレア派のパルメニデスの「ト・エオン（あるもの）」の概念やピュタゴラス教団の「数」の概念にも認められますし、これらがプラトンにある示唆《しさ》を与えたのも確かです。しかし、プラトンにとって重要だったのは、すべてのものを「なるもの」「生成消滅するもの」と考える自然的思考にとってかわる「つくる」論理だったように思われます。この「つくる」論理を基礎づけるために超自然的原理を設定する必要があったのでしょうが、こうした「つくる」論理は、エレア派にもピュタゴラス教団にもなかったもののようです。

「自然《フユシス》」と「制作《ポイエーシス》」

もともとすべてのものを「なるもの」、つまり「おのずから生成し、変化し、消滅していくもの」と見るギリシア本来の自然的思考にあっては、いわゆる「制作」も「生成」の一ヴァリエーションとみなされ、たとえば彫刻家のもっている「技術」も、そうした生成の原理である「自然」の一変種と見られているのです。たとえば大理石の塊りがヴィーナスの像になるのも、やはり「なる」という運動の一様態です。すでに大理石の塊りのうちにひそんでいた像が、彫刻家の技術の力を借りて余計な部分を削《そ》ぎ落として立ち現われてくると考えられていたのです。「制作」ということを、前にふれた『夢十夜』での漱石の言い方とそっくり同じように考えていたわけです。

後でふれるように、プラトンに比べるとギリシア本来の考え方により忠実であろうとしたらしいアリストテレス（前三八四—前三二二）が、『自然学』の第二巻第一章で、いわゆる「自然によって存在するもの」、たとえば樫《かし》の木と、「技術によって存在するもの」、たとえばヴィーナスの像とを対比しながら、つまり樫の木の種子が樫の巨木に生長する運動と、大理石の塊りがヴィーナスの像になる運動とを対比しながら、それぞれの運動の原因、つまり「自然」と「技術」がその運動体に対してもつ関係を見さだめようとしています。彼の考えでは、両者の違いは、「自然によって存在するもの」にあっては、運動の原因である「自然」が運動体である樫の木に内蔵されているのに対して、「技術によって存在するもの」にあっては、運動の原因である彫刻家の「技術」が運動体である大理石の塊りの外にあるということです。しかし、両者がいずれも「生成するもの」「なるもの」であるには違いないと考えられています。

プラトンとその弟子のアリストテレスの関係はひどく複雑なので、改めて考えてみる必要がありそうですが、アリストテレスのこの考え方には、古い時代のギリシア人の考え方がよく現われています。ということはつまり、先生のプラトンが当時のギリシア人から見ると、あまりにも異質な考え方をもち出した（アリストテレスはそれを、「異国風《エクトポーテロス》」な考え方と呼んでいます）のに対して、弟子のアリストテレスは、それを批判しながら巻きもどして、ギリシア伝来の自然的思考と折衷しようとしたので、アリストテレスの思想に比較的伝統に近いものが認められるということです（もっとも、結局は彼も、プラトンの超自然的思考様式を批判的に修正しながらも継承していくことになるのですが）。

　ところが、プラトンは、そうしたギリシア本来の、そしてアリストテレスにも幾分うかがわれる自然的思考に反逆して、「制作」を「自然」に従属させるのではなく、「制作」に独自の権利を認めようとする、いや、それどころかそれを軸にして「自然」を規定しようとしたわけです。そうすると、「自然」は、「超自然的原理」を形どっておこなわれる「制作」のための単なる「材料《ヒュ》・質料《レー》」（これがラテン語では「マーテリア」と訳される）としかみなされなくなる。つまり「自然」はもはや生きておのずから生成するものではなく、「制作」のための死せる質料《マーテリア》、つまり無機的な物質《マテーリアル》

(質料でしかない物)になってしまうのです。「超自然的原理」を立て、それを参照にしながら自然を見ようとする「超自然的思考様式」や、それによって基礎づけられる「制作的存在論」と、自然を死せる物質と見る「物質的自然観」とは密接に連動しており、これが以後の西洋の文化形成の方向を決定していくのです。

「形而上学《けいじじょうがく》」という訳語の問題

プラトンがアテナイに開いた学園アカデメイアは、紀元五二九年にユスティニアヌス大帝により、哲学はキリスト教の信仰に害があるという理由で発令された哲学禁止令によって閉鎖されるまで、千年近くアテナイで活動をつづけました。アテナイには当初はイソクラテス(前四三六—前三三八)の開いた弁論・修辞学校もありましたし、また、後にアリストテレスが自分の学園リュケイオンを開くので、それらと競合しながら、研究者を育てあげたのです。

しかし、イソクラテスの学校は彼一代で閉じられ、リュケイオンも紀元前八四年にローマ軍によって破壊されたため、最後まで存続したのはアカデメイアだけでした。

ところで、話を先に進める前に、「形而上学」という日本の奇妙な哲学用語について一言しておこうと思います。知らなければうまく発音もできないこの言葉は、アリストテレスの著作の表題として、あるいは学問の一分野の呼び名として、すでに日本で定着しているとされています。しかし、実際にどんなことを指すのか、実は、分からない人がほとんどだと思います。これからの話のためにも、ここで、その意味を考えておく必要があります。

「形而上学」とは、英語でなら metaphysics《メタフイジックス》、遡《さかのぼ》ってラテン語でなら metaphysica《メタフユシカ》、さらに遡ってギリシア語で言うなら ta meta ta physika《タ・メタ・タ・フユシカ》の訳語として造語されたものです。このギリシア語は、もともとはアリストテレスが自分の開いた学園リュケイオンでおこなった講義ノートを、二百五十年近くもたってから整理編纂《へんさん》しようとした過程で生まれてきた言葉なのです。その経緯を、アリストテレスの略歴と合わせて見ておきましょう。

アリストテレスと「書物の運命」

アリストテレスは、前三八四年にギリシアの北方、マケドニアの都市スタゲイラの医師の家に生まれました。十七歳の時にアテナイへ赴き、プラトンのアカデメイアに入学し、師の死まで二十年近くそこで学びました。ただし、潤沢な仕送りを受けていた異色の学生であり、派手な服装をしてプラトンの顰蹙《ひんしゅく》を買ったという言い伝えもありますし、晩年のプラトンのところへ仲間と共に押しかけ論争をしかけたなどという伝承もアイリアノスの『ギリシア奇談集』（松平千秋・中務哲郎訳、岩波文庫）などに出ていますが、あまり当てにはなりません。

また、アリストテレスは、ソクラテスやプラトンにとってのアテナイのように、命まで懸けてなんとかしようと思う祖国をもっていなかったということは、注意しておく必要があります。

父は侍医としてマケドニアの宮廷に仕えた人で、その縁からマケドニア王フィリポス二世の依頼により、のちにアリストテレスはアレクサンダーの家庭教師を六年間務めることになります。紀元前三三八年、カイロネイアの戦いでアテナイやテーバイを中心とするポリス連合軍がマケドニア軍に敗北し、ここでギリシアの都市国家時代が実質的に終わりを迎えて、アリストテレスはアレクサンダーの即位とともに家庭教師の任を解かれました。アテナイに戻ったアリストテレスは、前三三五年、おそらくはマケドニアの勢力を背景にして、自分の学園リュケイオンを開き、アカデメイアと対抗しながら活動をつづけました。大プリニウスによると、アレクサンダーは師に、八〇〇〇タラント（一タラント＝金二六キロ）という莫大《ばくだい》な援助をおこなったといいます。

アリストテレスも、先生のプラトンの向こうを張って、対話形式や書簡体の本をたくさん書いたようです。しかし、生前公刊したそれらの本は、今日すべて散逸してしまいました。死後、リュケイオンに残されていた膨大な講義ノートは、プトレマイオス王家がアレクサンドリアに大図書館を建築したのに刺戟《しげき》されて図書の収集をはじめたマケドニア王家に没収されるのを恐れて、小アジアのスケプシスの町に隠匿《いんとく》されたまま忘れられて二世紀が過ぎました。それが、紀元前一世紀ごろに発見され、将軍スラの手で戦利品としてローマに運ばれて、リュケイオンの最後の学頭であったロドスのアンドロニコスによって整理編纂され公刊されたのです。

しばらくは公刊書と講義録の両方が読まれていたに違いないのですが、いつの間にかアリストテレスの本領がより発揮されている講義録の方だけが重視されて、時とともに公刊書は散逸してしまいました。現在われわれが『アリストテレス全集』としてもっているものは、ほとんどがこの講義録集です。

この話は、「書物の運命《ファアトウム・リブロールム》」、つまり残るべき書物は残る、消えたものは、その程度のものでしかなかったのだということの実例として、よく引き合いに出されます。

古代ギリシアのカリキュラム

ロドスのアンドロニコスがアリストテレスの講義録を編纂する際、アリストテレス自身が「第一哲学《プローテー・フィロソフィア》」と呼んでいた学科の講義ノートを「自然学《タ・フュシカ》」のノートの後に配列して、それに「自然学の後の書《タ・メタ・タ・フュシカ(・ビブリア)》」という名を与えました。おそらくこれはリュケイオンの伝統的なカリキュラムに従ったものでしょう。リュケイオンではまず、具体的な科学的研究（動物学や植物学、心理学関係の諸学科）や論理的思考の訓練を受けて、高学年になってから「自然学《タ・フュシカ》」（運動論や時間論などをふくめた物理学）の勉強をします。

そして、おそらく最高学年で、プラトンのイデアのような超自然的原理の設定をすることができるかどうか、あるいはその設定の方法がきちんとなされているかどうかを判断する「第一哲学《プローテー・フィロソフィア》」を学ぶということになっていたのではないかと思います。ですから、「自然学の後の書《タ・メタ・タ・フュシカ(・ビブリア)》」という講義ノートの名前は、講義録集の配列の順番を示すだけではなく、「自然学《タ・フュシカ》」を読んだ後で学びなさい、というカリキュラム上の指示を含んだ名称だったわけです。

このta meta ta physika《タ・メタ・タ・フュシカ》というギリシア語がラテン語に移されると、ラテン語には冠詞がないのでギリシア語の二つの冠詞ta《タ》が脱けてmetaphysica《メタフュシカ》となります。しかし、ラテン語になったとしても、当初は本の配列順を示す名称でしかありません。

ですから、「形而上学」などといういかめしい漢語とは、だいぶ距離がある内容です。

キリスト教神学と哲学の関係

ところが、古代末期になり、キリスト教の教義体系を構築するための下敷としてギリシア哲学が使われることとなりました。もともとキリスト教は、イエスという教祖の奇蹟《きせき》的な言行を伝える信徒たちの文書を拠《よ》りどころに展開された民間信仰のようなもので、体系的な教義などは持っていなかったのです。

何人もの殉教者を出すなど苛烈《かれつ》な弾圧を受けながらも布教は進み、やがて無視できない勢力となって、三八〇年にテオドシウス帝によってローマの国教に採用されます。その時点で、ギリシア的な教養を身につけたローマ市民に布教しなければならなくなり、急いで教義体系の整備を迫られました。そこで、ギリシア哲学を下敷にして、超自然的原理の部分に「神」を代入して、教義体系を作り上げたというわけです。

教義体系の整備は、当時「教父《パトレース》」と呼ばれていた人たちによって推進されました。そのなかには当然、アリストテレス哲学を下敷に使う人もいます。彼らは、教義のなかで自然的な事象に関わるものを整理するにはアリストテレスの「自然学《タ・フュシカ》」を使い、神の恩寵《おんちょう》や奇蹟のような超自然的な事象に関わるものを整理するのには「第一哲学」、つまり「自然学の後の書《タ・メタ・タ・フユシカ》」を使いました。

使ってゆくなかで、metaphysica《メタフユシカ》の意味が変わっていきます。ギリシア語の前置詞meta《メタ》には、「……の後に」という意味のほか、「……を超えて」という意味もあるところから、「タ・メタ・タ・フユシカ」という書名が「自然学の後の書」という意味から「自然を超えた事がらに関する学」という意味、つまり「超自然学」という意味に読み替えられました。

以後 metaphysica《メタフユシカ》という言葉は、「自然を超えたことがらに関する学（＝超自然学）」という意味で定着して、近代のヨーロッパ諸語にも承け継がれることになったのです。

翻訳はむずかしい

明治初期に西洋哲学が輸入されたとき、この言葉も日本に入ってきたのですが、その輸入に尽力した人たちはこの言葉を素直に「超自然学」とは訳さず、「形而上学」というむずかしい言葉を造ってこれを訳語にしました。『易経《えききょう》』の繋辞《けいじ》伝《でん》にある「形而上者、謂之道、形而下者、謂之器」（形より上なるもの、これを道と謂《い》い、形より下なるもの、これを器と謂う）という有名な一節にある「形而上」という言葉が meta-《メタ》

physica《フユシカ》と同義だと思われたのでしょう。中村正直か井上哲次郎かの造語だと推測されていますが、日本ではそのまま、この妙な訳語が定着してしまったのです。

どうして素直に「超自然学」としなかったのだろうと不思議に思いますが、「超自然学」では意味がはっきりしすぎて有難味が薄いし、大体 metaphysica《メタフユシカ》のどこが超自然的なのか尋ねられても、ご当人たちもよく分かりません。どうせ分からないならもっと訳の分からない言葉にしてしまえという心持で、こんな訳語を当てたのではないかと思います。こうした訳語に、当時の日本の知識人の西洋文化に対する劣等感と、庶民に対する優越感とが表裏一体になっていた様子がよくうかがわれるような気がします。

「けいじじょうがく」なんて言葉、わたしは大学に入って哲学の勉強をはじめるまで、正しく発音しているのかどうかまったく自信がなく、なるべくひとの前では口にしないようにしていましたし、呪文《じゅもん》のようで意味などまったく分かりませんでした。

もともとアリストテレスの「第一哲学」は、イデアという超自然的原理を設定してそれを基準にものを考えようとする師のプラトンの超自然的思考様式を批判的に検討しながら、結局はそれを継承していく思考作業を核心にしています。ですから、この第一哲学を「超自然学《メタフユシカ》」と呼ぶことはそれなりの根拠があるわけですが、明治初期の研究者たちには、その意味が理解できなかったということなのでしょう。

プラトンとアリストテレス

多少話が前後するし、繰りかえしにもなりそうですが、ここでプラトンとその弟子のアリストテレスの関係について少し考えておきたいと思います。

前にもふれましたが、アリストテレスは、プラトンが強い影響を受けたピュタゴラス教団の思想を、おそらくプラトンの思想をもふくめて「異国風《エクトポーテロス》」（『形而上学』第一巻第八章）と呼んでいます。プラトンという人は、わが祖国アテナイをいかにすべきかという強い実践的関心にうながされて、「なる」論理にもとづく「なりゆきまかせの政治哲学」を否定し、国家《ポリス》は正義の理念を目指して「つくられる」べきものだという革命的な政治哲学を主張しようと思い、それを基礎づけるための「つくる」論理に立つ一般的存在論を「イデア論」という形で構想しました。

しかし、ソクラテスやプラトンのような祖国をもたないアリストテレスにとっては、イデア論も一つの理論体系としか見えず、こうした考え方は、ギリシアの伝統的な考え方にそむく「異国風」なものに思えたのでしょう。プラトンのイデア論は、政治における実践的関心から切り離して、単なる理論体系として見れば、おかしなところがいくらもあることはプラトン自身知っており、彼自身晩年には自分の弟子たちの展開するイデア論に批判を加えていました。

アリストテレスの育ったスタゲイラは、イオニア的と呼ばれる古いギリシアの伝統の影響が色濃く残っていたところだっただけに、イデア論にはかなりの違和感をもったのかもしれません。アリストテレスの課題は、プラトンのいき過ぎた異国風のイデア論を批判し、これを巻きもどすこと、あるいはイオニア的伝統である自然《フュシス》的存在論と折衷するところにあったようです。

アリストテレスの「第一哲学」

プラトンは、対話篇『国家』の末尾に近い第十巻で、イデア論について、かなり突っこんだ説明を加えています。師弟の関係を知る上で重要なので、いまは話を簡単にするために机を題材にして、おおよその筋を紹介します。

まず、「机」という名前で呼ばれるものは、材料が木だったり大理石だったり、いまならスティールだったりさまざまですが、とにかくみな机の形《エイドス》をしています。それは、机を作る職人が、机というもののあるべき姿、つまり机のイデアを魂の眼で見ながら、その形を石や木などの材料の上に写したからです。

日本では、この眼で見られた形《エイドス》を「形相《けいそう》」、材料《ヒュレー》を「質料《しつりょう》」と訳してきました。idea《イデア》もeidos《エイドス》も「見る」という動詞（ideín《イデイン》、eidenai《エイデナイ》）の過去分詞に由来し、「見られたもの」という意味なのですが、プラトンはこの二つを幾分区別して使っているようです。つまり「イデア」は事物の理想的な形、「形相《エイドス》」は、もっと一般的な形を指すのです。hylē《ヒュレー》は、もとは「森」という意味ですが、そこから「材木」「材料」という意味になりました。

ところで、机の形をしたものが机なのだとしたら、紙の上に描かれた机も「机」だということになります。プラトンは『国家』のこの第十巻で①イデアとしての机、②誰か（職人）の手によって作られた机、③画家などによって描かれた机、この三種類の机が考えられると言い出します。

ここで奇妙なのは、プラトンは①のイデアとしての机が、机が机である形相《エイドス》をもっとも純粋かつ豊かに表現しているという意味で、机としていちばん高い存在性をもつと判断するのです。プラトンの考えでは、机が机であるのは、机の形をしているからで、その上で本が読めるかどうかなど、どうでもいいということになります。

アリストテレスは、プラトンのイデア論について、こんなふうに言っています。

「……プラトンはただ二種の原理だけを用いた。すなわち、もののなんであるかを示《ト・ティ・エスティン》すそれと質料《ヒュレー》としてのそれとを。けだし、明らかにかれの形相《エイドス》は他のすべての事物のなんであるかを示す原理であり、それぞれの形相《エイドス》にとってはさらに「一《ト・ヘン》」がそれであった」(『形而上学』第一巻第六章)

つまり、さきほどの話でいうと、プラトンの用いた二つの原理とは、机のイデアから魂の眼によって見てとられる机の「形相《エイドス》」と、その「形相《エイドス》」によって裁断され構造化される木や石などの「質料《ヒュレー》」のことであり、この二つの原理だけで世界のすべての存在者が整序されると言うのです。そして、「質料《ヒュレー》」は物ごとの本質存在を決めるものではなく、それが「あるかないか《ト・ホティ・エスティン》」を示すだけで、物ごとの本質存在を左右するのはその事物の「なんであるか《ト・ティ・エスティン》」を示す「形相《エイドス》」だというのです。

たしかに、すべてのものは「つくられたもの」であり、さらに「つくられるべきもの」であるという制作的存在論を説くためには、それが超自然的なイデアに由来する「形相《エイドス》」に基づいて裁断され構造化されたと考え、その「質料《ヒュレー》」となる自然を無機的な死せるものと考える方が好都合です。

ちなみに、アリストテレスがここで最後にふれている「一《ト・ヘン》」というのは、すべての形相《エイドス》がそれを型どることによって形相《エイドス》たりうる「形相《エイドス》の形相《エイドス》」、プラトン自身が「善《ト・アガトン》のイデア」と呼んでいるもののことであり、これこそが最高の超自然的原理ということになりますが、ここではこれ以上触れないことにします。

「形相《エイドス》」と「質料《ヒュレー》」

「形相《エイドス》」と「質料《ヒュレー》」という原理は、人間の手で作られたものの存在構造を説き明かすためにはとても有効です。しかし、これで植物や動物のような自然の事物の存在構造を説き明かそうとすると、よほどムリをしなければなりません。アリストテレスは、プラトンの〈形相《エイドス》—質料《ヒュレー》〉というこの原理を、制作物にも自然的事物にもうまく適用できるものに組み替えようとしたのだと思われます。

プラトンの場合、「形相《エイドス》」はすべて超自然的なイデアに由来し、なんらかの「質料《ヒュレー》」との結びつきはまったく外的偶然的なものでしかありません。しかし、アリストテレスは、たとえば仕事場にある材木にしても、柱に向くものと机の上板に向くものとがあるはずで、質料《ヒュレー》とはなんらかの形相《エイドス》を可能性としてふくんでいるもの、「可能態《デュナーミス》」の状態にあるものだと考えます。そして彼は、その可能性が現実化された状態を「現実態《エネルゲイア》」(en＋ergon＋語尾、作品《エルゴン》となってある状態) と呼んでいます。つまりアリストテレスはプラトンの「形相—質料」という図式を「可能態—現実態」という図式に組み替えたのです。この図式によってなら、制作物の存在構造と共に自然的存在者の存在構造も捉《とら》えることができるからです。

たとえば、樫《かし》の木の種子は「可能態《デュナーミス》」にある存在者であり、その可能性が現実化された樫の巨木は「現実態《エネルゲイア》」にある存在者だというわけです。

こうしてアリストテレスは、自然的存在者と制作物とを統一的にとらえ、これらすべての存在者は可能態から現実態へ向かう運動のうちにあると考えます。たとえば森のなかに聳《そび》えている樹《き》は材木になる可能態にあり、仕事場にある材木はその現実態ということになりますが、次にその材木はたとえば机になる可能態とみなされ、机がその現実態ということになり、可能態―現実態という関係はどこまでも相対化されます。ということはつまり、すべての存在者はそのうちに潜在している可能性を次々に現実化していくいわば目的論的運動のうちにあるということです。

こうしてみると、アリストテレスの描く世界像は、プラトンのそれとは違って動的であり、きわめて広い意味で生物主義的だということになります。プラトンのばあい、この現実の世界は、永遠に不変なイデア界の模像なのですから、原理的にはそこに変化はないはずです。あるとすれば、それは質料が変質したり腐敗したり崩壊したりすることによって起こる無意味な変化でしかありません。そのため後世、プラトンの世界像は数学的、アリストテレスのそれは生物主義的と呼ばれることになりました。

二人の世界観はいかにも対照的ですが、これはアリストテレスがプラトンの世界観を意識して対照的な世界観を構築したとか、二人の対照的な性格に由来するといったことではなく、アリストテレスがプラトンのいき過ぎを巻きもどしてギリシアの伝統と調停しようとしたら、そうなってしまったということなのです。

超自然的思考様式だけは継承された

こうしてアリストテレスはプラトンの超自然的思考様式を批判し、ギリシア伝来の自然的思考に立ちかえろうとしたように思われますが、結局は、アリストテレスも先生の超自然的思考様式を修正しながら承《う》け継ぐことになります。たしかにアリストテレスはこの現実の世界を絶対的に超越したプラトン流のイデアは否定するのですが、彼自身の考えた目的論的運動が目指している最終目的《テロス》を彼は「純粋形相」とか「神《テオス》」——といっても、けっして人格神のようなものではありませんが——と呼びます。純粋形相とは、自分のふくんでいる可能性をすべて現実化し、もはや現実化されていない可能性のまったく残されていない存在者、したがってそれ以上動くことのない存在者のことです。もはやみずからは動くことなく、他のすべての存在者をおのれへ引きよせようと動かすこの存在者、つまり「不動の動者」こそが世界のすべての目的論的運動の究極の目的《テロス》だということになります。

この純粋形相はもはやいっさいの生成消滅をまぬがれているわけですから、やはり超自然的な存在者とみなすしかありません。そのかぎりではプラトンのイデアと同質です。

となると、アリストテレスはたしかにプラトンの超自然的思考様式を批判し否定しようとはしたのですが、結局はそれを修正しながら承け継いだということになりそうです。

第三章　哲学とキリスト教の深い関係

哲学の二つの源流

プラトンとアリストテレスという師弟の関係はすこぶる複雑です。比較的ギリシアの伝統に忠実なアリストテレスは先生のプラトンの非ギリシア的なイデア論を批判しながらも、結局は彼の超自然的思考様式を修正しながら承《う》け継ぐことになったのですが、それにもかかわらずこの二人の描いた世界像は、一方が数学的であるのに対し一方は生物主義的だと言われるくらい対照的です。そして、プラトン主義とアリストテレス主義という対立しあうこの二つの思想、二つの世界観がその後かわるがわる西洋の文化形成を規定することになります。その交替劇は、古代末期にはじまり中世を経て近世初頭にいたるまでのキリスト教神学の展開のうちにも見られます。

〈形而上学《けいじじょうがく》〉という言葉の由来を確かめたときにもふれたように、古代末期にキリスト教の教義体系の整備がおこなわれ、そのとき、プラトン哲学、アリストテレス哲学、ストア思想などさまざまなギリシア哲学が下敷に使われました。

なかでもプラトン哲学は、まず紀元一世紀ごろにエジプトのアレクサンドリアで、ユダヤ人思想家のフィロン（前二五―後四五／五〇）によってユダヤ教と結びつけられました。フィロンは、〈世界制作者《デーミウルゴス》〉によって宇宙は作られたのだと説くプラトンの『ティマイオス』の宇宙論の枠組を使って、『聖書』の「創世記」を解釈してみせるのです。〈世界制作者《デーミウルゴス》〉というのは、〈民衆《デーモス》〉のための〈制作者《エルゴス》〉という意味の言葉なんです。

このアレクサンドリアでは、さらにそれ以前に、プトレマイオス二世の命令で、紀元前三世紀の中ごろから、実際には前二世紀の後半までかかって、「七十人訳《セプトゥアギンタ》」と呼ばれる『聖書』のギリシア語訳が作られていました。そのギリシア語訳の「創世記」があったからこそ、プラトンの『ティマイオス』との重ね読みも、比較的容易におこなわれえたんですね。

さらに紀元三世紀に、やはりそのアレクサンドリアにいた、おそらくエジプト人であったと思われるプロティノス（二〇五頃―二七〇）によってプラトン哲学は、オリエントやエジプトの神秘主義思想の強い影響下に、神秘主義的色彩の濃い新プラトン主義に改造されました。プロティノスはアンモニオス・サッカス（一七五頃―二四二頃）に師事しましたが、同門の弟子に古代最大のキリスト教思想家オリゲネス（一八五頃―二五四頃）がいたことは注目に価《あたい》します。

プロティノスはその後ペルシアとインドの宗教を知ろうとしてローマ皇帝ゴルディアヌス三世のペルシア遠征軍にくわわりましたが、遠征中に皇帝が暗殺されたのでその計画を放棄し、ローマに赴き、そこに落着いて学校を開きました。彼はローマ市近郊にプラトンの言ったとおりの共和国を創設しようとして、プラトノポリスという新しい都市を建設する計画を立てましたが、なぜか挫折《ざせつ》してしまいました。四十九歳を過ぎてから多産的になり、その著作はユダヤ系だったと思われる弟子のポルフュリオス（二三二／二三三—三〇五頃）によって整理編集され『エンネアデス』（「幾組もの九篇論文群」という意味）と呼ばれるようになりました。

アウグスティヌスの生涯

プロティノスのこの新プラトン主義を経由したプラトン哲学を下敷にして、キリスト教最初の壮大な教義体系を組織したのがアウグスティヌス（三五四—四三〇）です。アウグスティヌスは四十代の半ばごろにConfessiones《コンフエッシオーネス》という自伝風の本を書いています。この本は岩波文庫などでは『告白』と訳されていますが、この言葉は自分の罪の「告白」というより、神の「賛美」という意味の方が強いそうです。しかし、いずれにせよ、これによって彼の生涯はよく知られています。

アウグスティヌスは、当時ローマ領だった北アフリカのカルタゴ近郊のタガステ（現在のチュニジアの首都チュニスに近い、アルジェリアのスーク・アラス）で異教徒パトリキウスと敬虔《けいけん》なキリスト教徒である母モニカのあいだに生まれ、近くのマダウラの町で、次いで大都会カルタゴで修辞学を学び、一時期は放蕩《ほうとう》の生活を送ったといいます。だが、十九歳のときに、いまは失われたキケロ（前一〇六―前四三）の対話篇『ホルテンシウス』を読んで学問に目覚めます。しかし、修辞学の教師をしながら二十代の彼が惹《ひ》きつけられたのは、キリスト教の周辺に生まれて当時ローマ世界に拡《ひろ》まっていた光と闇《やみ》の二元論を説くマニ教で、その聴聞者として十年近くを過します。

そのアウグスティヌスも三八二年の末、カルタゴの学生の粗暴さに耐えられずローマに渡り、さらに翌年ミラノに修辞学の教師として招かれます。このミラノでキリスト教の有名な司祭アンブロシウスの説教を聞いて心を惹かれましたが入信しようとはしませんでした。しかし、このころたまたまラテン語訳でプロティノスの『エンネアデス』の一部分を読んでマニ教の考え方から解放され、パウロの手紙を読んでカトリックの教えに開かれたといいます。さらにその後、三八六年、三十二歳の夏の終わりに奇蹟《きせき》的な回心を経験し、ミラノ郊外の友人の山荘で母のモニカや友人たちと聖書に親しみ哲学的談議をつづけたあと、ミラノに帰りアンブロシウスの手で洗礼を受けます。母と共にアフリカに帰ろうとして船待ちをしているうちに、母がにわかに病を発して五十六歳で他界してしまいました。

アウグスティヌスはいったんはローマにもどり、一年ほどたって三八八年の秋に船出して故郷のタガステに帰り、友人たちと共に清貧と祈りの生活をつづけましたが、三九一年の春、三十七歳のとき、カルタゴの西二百四十キロの重要な港ヒッポ・レギウスの友人に招かれてその地の司祭になりました。以後、『告白』（三九七―四〇一）をはじめ大著『神の国』全二十二巻（四一三―四二六）などの著作をしながら終生その地にとどまりました。三一三年にはコンスタンティヌス大帝とリキニウス帝の「ミラノの勅令」によってキリスト教が公認され、三八〇年にはテオドシウス帝によってキリスト教がローマ帝国の唯一《ゆいいつ》の国教と定められるようにもなりましたが、四三〇年八月にアウグスティヌスが歿《ぼっ》するころにはヒッポの町は、スペインにアンダルシアという地名を残してジブラルタル海峡を渡ってきたゲルマンの一派、ヴァンダル族によって包囲され、間もなく陥落したといいますから、彼はまさしく古代末期を生きた思想家だと言えます。

アウグスティヌスの生涯については、彼自身の手になる『告白』のおかげで、この時代の人にしては信じられないほど細かいことまで伝えられているので、つい深入りをしてしまいました。

『神の国』を貫くプラトン主義

そのアウグスティヌスが四一三年から二六年までかけて、キリスト教の護教論と教義論とからなる大著『神の国』を書き、そこで展開された教義がやがてローマ・カトリックの正統教義と認められることになるのです。アフリカの片田舎でと思われるかもしれませんが、このころローマは荒廃をきわめていました。四一〇年の八月にはアラリックの率いる西ゴート族がローマに侵入し、三昼夜掠奪《りゃくだつ》をほしいままにし、山のような財産を車に積んで引き上げるといったことがあり、その再度の侵入をおそれたローマの貴族たちが次々に海を越えてカルタゴに逃れてきました。彼らの多くはアフリカに広大な土地や別荘をもっていましたし、もともとアフリカはローマの穀倉でした。この貴族たちに伴われてきた知識人たちが、当時すでに西方教会の中心人物になっていたアウグスティヌスに、この危機に対処するすべを尋ねるのは自然であり、彼のまわりで宗教論争が起こるのも不思議ではありませんでした。

プラトンには、イデアの世界と、その模像であるこの現実の世界、いわゆる個物の世界という二つの世界を考える独特な「二世界説」がありました。新プラトン主義経由でこのプラトン哲学を学んだアウグスティヌスは、プラトンのこの二世界説を「神の国」と「地の国」の厳然たる区別というかたちで承け継ぎ、あの制作《ポイエーシス》的存在論によって世界創造論を基礎づけ、イデアに代えてキリスト教的な人格神を超自然的原理として立てます。イデアは世界創造に先立って神の理性に内在していた観念と考えられるようになり、ここからidea《イデア》（英語ならidea《アイデア》）を観念と見る考え方が生まれてきました。

このように、神の恩寵《おんちょう》の秩序である「神の国」と、世俗の秩序である「地の国」、ローマ教会と皇帝の支配する世俗国家、信仰と知識、精神と肉体とを截然《せつぜん》と区別するプラトン－アウグスティヌス主義的教義体系が、異端とされたもののなかでももっとも有力な、たとえばウェールズ人の神学者ペラギウス（三六〇頃―四二〇頃）の説く教義などに勝利してローマ・カトリック教会の正統教義として承認されるのは、むろんアウグスティヌスの歿後一世紀近くたった五二九年のオランジュ宗教会議においてでした。「神のものは神に、カエサルのものはカエサルに」という聖書の言葉などがその拠《よ》りどころにされたのでしょうが、それだけではなく、一方では世俗の秩序であるローマ帝国によって国教に採用され、国家との共存をはかりながらも、他方ではすでに崩壊してしまった西ローマ帝国と運命を共にすることを避けようとするカトリック教会の政治的意志が働いていたように思われます。こうしてプラトンの超自然的思考様式は、プラトン－アウグスティヌス主義的教義体系に承け継がれ、キリスト教の信仰と結びついてある現実的有効性を発揮しながら展開されていきます。ニーチェ（一八四四－一九〇〇）は「キリスト教は民衆のためのプラトン主義にほかならない」と言っていますが、当たっていると思います。このプラトン－アウグスティヌス主義的教義体系が古代末期から十三世紀まで正統教義として機能しつづけます。

アウグスティヌスの歿した四三〇年には、ヒッポの町がヴァンダル族に包囲され陥落寸前だったということには先にふれましたが、四七六年には西ローマ帝国そのものが滅亡し、西方世界は未開のゲルマン民族に蹂躙《じゅうりん》され、いわゆる暗黒時代に入ります。以後キリスト教文化は東ローマ帝国に承け継がれます。ビザンチウム（やがてコンスタンティノポリスと改名される）を首都とするこの東ローマ帝国でも、五二九年にはユスティニアヌス大帝の哲学禁止令によって、プラトン以来九百年におよぶ伝統をもつアテナイのアカデメイアも閉鎖され、ギリシア哲学の遺産は遠くアラビアの地に運ばれ、やがてそこに登場してくるイスラムによって研究され保存されることになります。

古代の終わりと哲学

先ほどアラリックの率いる西ゴート族のローマ侵略やヴァンダル族によるヒッポの町の劫掠《ごうりゃく》などにふれましたが、これは四世紀後半から六世紀にかけて二百数十年間世界的規模で起こった辺境異民族の高度文明社会への侵入、いわゆる民族の大移動の一環でした。中国やバルカン半島あたりでも起こったこの大移動が西洋でも古代と中世とを分かつことになります。その過程で、地中海世界を舞台に展開された古代ギリシア・ローマ文化が西方世界から姿を消し、しばらく暗黒時代がつづいたあと、今度は舞台をヨーロッパに移し、新たな中世キリスト教文化が花開くことになります。そのドラマの担《にな》い手も、ヨーロッパ各地に部族国家を分立したゲルマン諸族です。

といっても、これらゲルマン諸族が近代的な国民国家の組織を整備するにはまだしばらく間があり、それまではローマ・カトリック教会の教区網だけがヨーロッパを統合する唯一の組織で、土地をめぐる抗争などにも教会が介入せざるをえませんでした。統合といっても、最初は形だけのものでしたが、やがて紀元八〇〇年にフランク王国国王カール大帝（七四二—八一四）がローマ教皇によって戴冠《たいかん》され、神聖ローマ帝国皇帝（当時の呼称は西ローマ帝国皇帝）となって、ガリア（フランス）、ゲルマニア

(ドイツ)、イタリアをふくむ大フランク王国を統治するようになると、その政治力を背景に現実的なものになっていきます(もっとも、その帝国そのものはすぐに分裂してしまうのですが)。

そのようにローマ・カトリック教会が実際に世俗政治に介入するようになると、当然のように教会や聖職者が腐敗堕落していきます。そうなると、「神のものは神に、カエサルのものはカエサルに」という聖書の言葉を拠りどころに、神の国と地の国、教会と国家とを截然と区別してきたプラトン－アウグスティヌス主義的教義体系では具合の悪いことが生じてきます。教会はこうした事態に対応できるような新しい教義体系の整備を迫られます。そうした必要に応《こた》えて構築されたのが、十三世紀のアリストテレス－トマス主義的と言ってよい教義体系なのです。

イスラム圏で研究されたアリストテレス

話は遡《さかのぼ》りますが、五二九年に東ローマ帝国皇帝ユスティニアヌスによって、ギリシア哲学の研究はキリスト教の信仰の害になるという理由で発布された哲学禁止令、正式には「異教的教育の禁止令」によってローマ帝国領内から追放されたギリシア哲学研究者たちは、遠くアラビアに逃れ、そこでギリシア哲学の遺産を守りつづけますが、やがてこの地がイスラムの支配するところになると、これらの遺産もイスラム文化のうちに組みこまれていきます。殊《こと》にイスラムの教義の基礎づけに使われたアリストテレス哲学は、アヴィセンナ（九八〇—一〇三七、アラビア名イブン・シナ）、アヴェロエス（一一二六—一一九八、アラビア名イブン・ルシュド）といったアラビアの哲学者によって研究されました。このうちアヴィセンナは中央アジアのブハラ近郊に生まれ、イラン各地で医師や政治家として活躍しました。一方アヴェロエスは、当時イスラム圏の西のはずれであったスペインのコルドバに生まれ、セヴィリアやコルドバで法官として活躍したのち、医学や哲学に転じ、アリストテレスの作品の注釈をおこないましたが、一一九五年に失脚し、焚書《ふんしょ》の憂《う》き目にあい、モロッコのマラケシュに流刑《るけい》されて、一一九八年その地に歿しました。

彼のいたコルドバの大学はイスラム圏でのアリストテレス研究の一つの中心であり、十一世紀末に十字軍の運動がはじまって、ヨーロッパとイスラム圏との交流がはじまると、アリストテレス哲学がコルドバからイタリアあたりに、まずはアラビア語訳で、次いでギリシア語原文が輸入され、ラテン語に訳されて、キリスト教の教義の再編成に使われることになります。

トマス・アクィナスとスコラ哲学

この教養体系の再編成の仕事は、十二世紀に教会や修道院附属の学校（schola《スコラ》）の教師たちによってはじめられたので、その後大学の研究者に承《う》け継がれはしますが、依然として「スコラ哲学」（philosophia scholastica《フィロソフィア・スコラスティカ》）と呼ばれました。そのスコラ哲学の大成者がトマス・アクィナス（一二二五／二六―七四）なのですが、彼は新しく輸入されてきたアリストテレス哲学を下敷にしてプラトン―アウグスティヌス主義に代わる新しい教養体系を組織します。

トマスは、ローマとナポリを結ぶラテン街道の途中、ナポリ王国内のモンテ・カシーノの近くの町アクィノの近郊にあったロッカセッカ城のランドルフォ伯の末子として生まれました。五歳のとき、近くのベネディクト会経営のモンテ・カシーノ修道院に送られて初等教育を受けました。修道院に送りこまれたのは、むろん宗教的動機もあったのでしょうが、将来その子が大修道院の院長にでもなって、その莫大《ばくだい》な財産で一族を豊かにしてくれたらという期待もあったようですから、貴族といっても、皇帝フリードリヒ二世とローマ教皇とのあいだにあって不安定な立場に置かれていた貴族のようです。

やがてそのモンテ・カシーノ修道院が皇帝軍に占領されたりしたので、トマスはナポリ大学に移り、そこでドミニコ会の修道院に入りました。当時ドミニコ会はフランチェスコ会と並ぶ、托鉢《たくはつ》（乞食《こじき》）修道会として、教会改革運動の一翼を担っていたのです。トマスのこのドミニコ会入会は一族の反対にあい、親族に監禁されたりさえしましたが、一二四五年にその監禁を解かれたトマスは、当時指導的なアリストテレス学者だったアルベルトゥス・マグヌス（一一九三／一二〇六頃―一二八〇）に師事するためにパリに赴き、四八年にはその師に同行してケルンにいっています。一二五二年にはパリ大学神学部教授候補としてパリにもどり講義をはじめます。一二五六年にやっと教授に就任しますが、多数派だった非修道会の教授たちに反対され、教授として講義をはじめたのは一二五七年になってからだったといいます。彼はこれほど長く滞在していながらフランス語が上達せず、ラテン語で講義したようです。一二五九年にはイタリアに帰り、十年間イタリア各地で講義していましたが、一二六九年から七二年までの三年間、ふたたびパリ大学教授に復帰、以後は終生イタリアで暮しました。

以下は、稲垣良典さんの『トマス・アクィナス』（勁草《けいそう》書房）に教えられたことですが、トマスは背が高く、太っていて、姿勢がよかったといいます。頭が大きく、少し禿《は》げていたそうです。ものを考えはじめると放心する癖があり、教皇と同席していながら、なにかを思いついて突然大きな声を出したという有名な話が伝えられています。彼は信じられないくらい厖大《ぼうだい》な量の著書を残しており、どうしてこんなに書けたのか不思議で仕方がありませんでしたが、稲垣さんの右記の本によると、これらの著書はトマスが自分で書いたわけではなく、大部分は秘書の手になるものだそうです。いつも数人の秘書がまわりにいて、交替でトマスの口述を筆記したのだろうと推測されています。トマスは早朝に講義をすませると、わずかな時間休息をとる以外、深夜まで間断なく口述していたのだそうです。なるほどと納得させられました。それにしても、驚くべき勤勉さと学識であるにはちがいありません。代表的な著書の名を並べる気にもなりません。その厖大な著作の中心になるのが『神学大全《スンマ・テオロギアエ》』で、この大著は一二五〇年代末にローマのサンタ・サビーナ修道院で書きはじめられ、結局は未完のまま残されました。「大全《スンマ》」とは初学者向けの教科書のとる一つの形式だそうです。

トマスは、一二七四年に、ラテン教会とギリシア教会の合同について議論するリヨンでの公会議に出席するためにナポリを出発しましたが、すぐに病を発し、ローマの南にあったシトー会修道院で歿しました。五十歳を目前にしてのことでした。

アリストテレス―トマス主義によるキリスト教教義体系

アウグスティヌス以後十三世紀まではプラトンが最高の権威とみなされていましたが、十二世紀と十三世紀にアリストテレスが知られるようになって次第にキリスト教神学に受け容《い》れられ、もはやプラトン一辺倒ではなくなってきました。

もともとアリストテレスの哲学はプラトンのイデア論を批判し修正しようと目指すものであり、そのため彼は「形相」を、プラトンのように永遠に変わることのない超越的なイデアから借りてきて質料に外から押しつけられるようなものとしてではなく、質料そのものに内在していてその生成を内がわから導くものと考えたので、アリストテレスにあっては、プラトンのイデア界にあたる純粋形相（いかなる可能性も残さず、すべての可能性を現実化した最高の形相）が、この現実界をまったく超越した彼岸にあるのではなく、この現実界と一種の連続性を保ったものと考えられていました。

したがって、このアリストテレスの哲学を下敷にして考えれば、神の国と地の国、恩寵の秩序と自然の秩序、教会と国家とが、アウグスティヌスにあってのように絶対の非連続の関係にあるものとしてではなく、もっと連続的なものとして捉《とら》えられ、ローマ・カトリック教会が国家なり世俗の政治なりに介入し、それを指導したとしても当然だということになります。当時ますます形をととのえ力を増しつつあった国民国家との関係に苦慮していたローマ教会にとって、このアリストテレス哲学を使ったトマス主義的教義体系は、実に有利な解決を手渡してくれるものでした。したがって、以後ルネサンス期にいたるまで中世を通じて、このアリストテレス－トマス主義が正統教義と認められることになりました。しかし、当然のこととして世俗政治に介入していった教会やその聖職者たちが、その後いかに腐敗堕落していったかは、よく知られているとおりです。

よみがえるプラトン－アウグスティヌス主義

そこで、十四世紀あたりからふたたびローマ・カトリック教会に世俗政治から手を引かせ、信仰の浄化をはかろうとするプラトン－アウグスティヌス主義ないしプラトン主義復興の動きが、各方面で澎湃《ほうはい》として起こってきます。そうした動向は、カトリック教会内部でも、ウィリアム・オッカム（ロンドン近郊オッカム出身のウィリアム、一二八五頃－一三四七／九）らアウグスティヌス的信仰を回復しようとしたイギリス系のフランシスコ会修道士たちのトマス主義批判にも現われています。

余談ですが、このウィリアム・オッカムは、ウンベルト・エーコが名著『薔薇《ばら》の名前』で主人公のバスカヴィルのウィリアムのモデルにした人物です。バスカヴィルのウィリアムは、このオッカムのウィリアムに、コナン・ドイル（一八五九―一九三〇）の名作『バスカヴィル家の犬』で鋭い推理を展開してみせるシャーロック・ホームズを重ねて造型された人物で、ホームズのような推理力をもったウィリアムという意味なのでしょう。

近代に入ってからのパリのポール・ロワイヤル修道院やオラトリオ会によるアウグスティヌス主義復興の動きも、この流れに入れてよいと思います。十七世紀に近代哲学の起点となったデカルト（一五九六―一六五〇）やパスカル（一六二三―六二）やマルブランシュ（一六三八―一七一五）といった人たちはみな、これらの修道会によるアウグスティヌス主義復興の運動と接触しながらものを考えはじめているのです。

話は遡りますが、そうしたプラトン＝アウグスティヌス主義復興の運動は、十五世紀のルネサンスの時代には、キリスト教とは離れた人文主義の立場でのプラトン復興の運動――これは、メディチ家の後援のもとにプレトン（一三五五頃―一四五〇頃）がフィレンツェに創設したプラトン・アカデミーによって組織的に推し進められました――からも側面的な協力を受け、やがて十六世紀のルター（一四八三―一五四六）やカルヴァン（一五〇九―六四）の宗教改革運動にまで高まっていきます。教会や信仰の浄化を目指す彼らの改革運動は、当時まったく逆の動機から、ローマ・カトリック教会の桎梏《しっこく》を脱して、近代国民国家の建設をはかる政治勢力によって推進されていたナショナリズムの運動と完全に利害を共にしていたため、その強力な後援を受け、思いがけない成功をおさめました。

このように、キリスト教の教養史のなかでさえ、プラトン主義とアリストテレス主義とは覇権の交替を繰りかえしていたのです。

明治のはじめの西洋哲学受容

これまでの話のなかで、わたしは日本での西洋哲学の受容の仕方、紹介の仕方についてかなり批判的な言い方をしてきました。これはもっとくわしく検討してみる必要のある問題だと思いますが、明治初期の人たちは、西洋の哲学をいったいどんなものとして受けとっていたのでしょうか。

西洋哲学の紹介は、前にもふれたように、すでに幕末に幕府の蕃書調所《ばんしょしらべしょ》でもおこなわれていましたが、それが本格的にはじまるのは明治初期です。明治六年（一八七三）に、森有礼《ありのり》、津田真道《まみち》、西周《にしあまね》、加藤弘之《ひろゆき》、福沢諭吉、中村正直ら、留学経験者も多かった当時第一級の洋学系知識人たちが結集して発足した結社「明六社」が発行した『明六雑誌』（山室信一・中野目徹校注、岩波文庫上・中・下）を見ると、明治七年の第十号から七回にわたって中村正直が「西学一斑」を連載し、いわば西洋思想史の紹介をしていますが、なにか小さな種本をさらに簡略化して要約しているだけで、いかにも途方に暮れている様子が見受けられます。

その術語の訳語に儒学系の漢語を選んでいるところからも、その時代の人たちが西洋の哲学を儒学思想に類するものと見ていたことがうかがわれます。しかし、自分たちの身に引き寄せて受けとろうという姿勢はまったく見られません。明六社の社員のなかでも、西洋哲学をなんとか身に引きつけて理解しようとしているのは福沢諭吉くらいのものでしょう。

福沢諭吉の「実学」

丸山眞男《まさお》さんが「福沢に於《お》ける『実学』の転回——福沢諭吉の哲学研究序説」（『福沢諭吉の哲学他六篇』岩波文庫所収）でみごとに分析してみせているように、福沢のすすめる「実学」とは、「いわゆる生活から遊離した有閑的学問を排除し、学問の日常的実用性を提唱し」、「学問を支配階級の独占から解放して、之《これ》を庶民生活と結びつけた」というところに顕著なものがあったのは確かだとしても、けっして「啓蒙《けいもう》的な合理主義だとか功利主義だとか英仏的実証主義だとか」に尽きるものではありません。
丸山さんは、福沢の大きな功績は、旧体制下における学問の中核を占めていたのが、修身斉家の学、つまり倫理学であるのに対して、「ヨーロッパ的学問の核心を『数理学』に見いだした」ところにあると見ています。福沢の言う数理学とは、「数学的物理学」を指します。それも単に、「人生と世界の中心価値を精神より物質へ置きかえたという様な卑俗な『唯物《ゆいぶつ》』主義」ではなく、根本的には「東洋的な道学を産む所の『精神』」から「近代の数学的物理学を産む所の『精神』」への転換だったと主張します。

さらに丸山さんは、旧体制下の学問にあって倫理学が原型になっていたというのは、自然認識が欠けていたということではなく、「自然が倫理価値と離れ難く結びついて居《お》り、自然現象のなかに絶えず倫理的な価値判断が持ち込まれるという点にある」のであり、そんなふうに「自然が精神化されることは、同時に精神が対象化によって自然化され、客観的自然界のうちに離れ難く編み込まれる結果をもたらす」と言うのです。儒教における天人合一、宋学《そうがく》（朱子学）では人間社会と自然とが太極＝理によって一すじに貫通されていると考えられていますが、それはこのような意味においてなのです。

ところが、ヨーロッパにおいて、「精神と自然が一は内的なる主観として一は外的なる客観として対立した」のは、明らかに「ルネッサンス以後の最も多大な意識の革命」だったのであり、「ニュートン力学に結晶した近代自然科学のめざましい勃興《ぼっこう》は、デカルト以後の強烈な主体的理性の覚醒《かくせい》によって裏うちされていた」のですが、それと同じ意識の革命を福沢も明治初年に企てていたと丸山さんは見ています。つまり、福沢は、「物理の『定則』の把握を通じて人間精神は客観的自然を逞《たくま》しく切り開き、之を『技術化』することによって自己の環境を主体的に形成する」ことを企てたのだと、丸山さんは見るのです。

丸山さんの福沢諭吉観は少し深読みの気がしないでもありませんが、もし丸山さんの見方が当たっているとすると、明治初年に福沢は、近代初頭の十七世紀半ばのデカルトとほとんど同様の意識の革命を企てたことになりそうです。少なくとも、福沢にデカルトを意識するところが少しはあってよさそうなものですが、その気配はありません。この時代にはヨーロッパにも、古代・中世・近代という明確な時代区分にもとづく哲学史・思想史のたぐいは、オランダ語や英語で読めるようなかたちではなかったと思いますから、仕方のないことではあるのでしょうが。

丸山さんによれば、「実学」という言葉は、儒学でも宋学によって盛《さかん》に提唱されたと言いますから、福沢の意識のなかでも西洋哲学を儒学の同類として受けとるところが多少はあったような気がしますが、その「実学」と福沢自身の考えていた「実学」とのあいだに、はたして丸山さんが言うほどの懸隔《けんかく》があったものかどうか、疑問になります。

が、この話はここまでにして、デカルトに話を移しましょう。

デカルトは本当に近代的自我を自覚したのか

学生時代も教師になってからもわたしはデカルトが苦手でした。デカルトの『方法序説』は哲学書のなかでももっとも平明で、分かりやすいものだと言われています。学術書はラテン語で書くという当時の習慣にさからって、デカルトはこの本を平易なフランス語で書きました。学者仲間を相手にではなく一般の読書人を対象に書こうと思ったのでしょう。Discours《ディスクール》 de《ド》 la《ラ》 méthode《メトード》という表題だって、小林秀雄は「方法の話」と訳すべきだと言っているくらいです。

しかし、表現が平明だからといって、言っていることも分かりやすいとはかぎりません。わたしには、この本でデカルトの言っていることがそうすんなり呑《の》みこめないので、たとえば講義をしていて彼の言っていることを説明しようとすると、どうもどこかごまかしているような、後ろめたい思いがしてしまうのです。

たとえばデカルトは、この本の本文の冒頭、つまり第一部の冒頭でこう言います。「良識はこの世でもっとも公平に分け与えられているものである」。この「良識《ボン・サンス》」は数行後に、「正しく判断し、真と偽を区別する能力、これこそ、ほんらい良識《ボン・サンス》とか理性《レゾン》と呼ばれているものだ」と解説され、さらに「自然の光（lumière naturelle《リュミエール・ナチュレル》）」と言いかえられています。そして、この「自然の光（lumen naturale《ルーメン・ナトゥラーレ》）」は『哲学原理』（I三〇）で「神からわれわれに与えられた認識能力」と定義されています。

要するにデカルトの言う「理性」は、神によってわれわれに分かち与えられたものであり、われわれ人間のうちにありながらもわれわれのもつ自然的な能力ではなく、神の理性の派出所とか出張所のようなものなのです。だからこそ、そこには個人差はなく「公平に分け与えられていて」、これを正しく使いさえすれば普遍的な認識ができるのであり、のみならず、世界創造の設計図である神の理性の出張所なのだから、これを正しく使いさえすれば、世界の奥の奥の存在構造を捉えることもできるのです。

わたしたち日本人も、「理性」という言葉を使うことはあります。「あまり感情的にならないで、理性的に話し合おうよ」といった言い方をすることは珍しくありません。しかし、そうしたばあい、わたしたちが考えているのは、やはり人間のもっている認知能力――生物として環境に適応するための能力の一種――の比較的上等な部分のことなので、わたしたちのもつほかのさまざまな自然的能力と同じように個人差もあれば、その時どきで働き方に波もあります。こんな「理性」の概念でもって、デカルトの言うような神的理性の派出所としての「理性」を理解しようとしても、できるはずはありません。

しかし、デカルトの「理性」とわたしたち日本人の考えている「理性」の違いを意識している日本の哲学研究者はほとんどいないのではないでしょうか。デカルトを読みながら、当然自分たちも同じ理性をもっていると思い、そのつもりでデカルトを理解しようとしているようです。

わたしにしても、そのことが分かったのはずいぶんあとになってからで、学生時代には分かりませんでした。ただ、自分にはデカルトの言うような立派な理性はそなわっていない、ということは分かっていました。しかし、そんなことを言おうものなら、なんだ、まだ近代的自我の確立さえできていないのか、理性ももたないそんなやつに哲学の勉強をする資格はないなんて言われそうで、いや、当然わたしもそういった理性はもちあわせておりますというふりをしなければなりませんでした。先生や先輩たちはみな、その程度のものはもっているという顔をしているのですから。

教師になってから、講義でこのあたりのことを話すのは、もっと後ろめたい思いでした。どこかで話をごまかさなければならないのですから。

デカルトは、有名な「私は考える、それゆえ私は存在する」というテーゼによって近代的自我の自覚を達成し、そういう意味で近代哲学の創建者だと言われてきました。しかし、彼の言う近代的自我、理性としての私というのは、神的理性の出張所のような私にほかなりません。プラトンが「イデア」と呼び、アリストテレスが「純粋形相」と呼び、キリスト教神学が「神」と呼んだ超自然的原理の出張所のようなものが、人間のうちに設定されたと言ってもよいかもしれません。一般に「近代的自我」といえば、そうした神的なものから解放され、そうしたものから自立した自我ということのはずですが、デカルトの言う「私」はそんなものではないのです。デカルトが近代哲学の創建者であるということは言えるにしても、その理由はもっと別のところにあるのではないでしょうか。

少し話は遡《さかのぼ》りますが、そのあたりのことから考えてみたいと思います。

機械論的自然観の形成

十三世紀の後半以来スコラ哲学の主流になったトマス主義は、アリストテレス哲学を下敷にしているので、当然その自然観は有機体論的なものでした。そこでは、すべての存在者に「実体形相」という一種の生命的原理を認め、われわれが感じとる感覚的諸性質はその実体形相の外へ発現したものだと考えるのですから、質は自然の実質的な構成分であり、自然は量的にではなく質的なものとみなされていました（質的自然観）。

十四世紀のルネサンスの時代に入ると、スコラ哲学と並んで、再発見されたギリシア・ローマの古典やアラビアの科学、ユダヤの神秘主義思想など多様な動きが現われてきて、それらがたがいに交錯し、さまざまな思想が百花繚乱《ひゃっかりょうらん》と咲き乱れますが、その自然観は、少数の例外を除けばやはり自然を生きたものと見る有機体論的なものでした。

ところが、その少数の例外のうちにガリレオ（一五六四―一六四二）のように自然をもっぱら量的に見ようとする人たちがいました。こんなふうに自然を量的・機械論的に見ようとする動きは、コペルニクス（一四七三―一五四三）やケプラー（一五七一―一六三〇）の天文学的研究によって準備されていたものです。

もっとも、コペルニクスにしてもケプラーにしても、はじめから観測的事実にもとづいて地動説を提唱したわけではなく、コペルニクスは、古代ギリシアのピュタゴラス教団、殊《こと》に紀元前三世紀のサモスのアリスタルコス（前三一〇頃―前二三〇頃）が太陽崇拝に根ざす宗教的信条から提唱した地動説を復興しただけだったのです。ですから、彼の地動説には、「自然は単純性を好む」という信念から、惑星の軌道を完全な円とみなすような宗教的・汎心論《はんしんろん》的なところが残っていました。

ケプラーも、最初はコペルニクスの地動説を作業仮説として承け継いだだけでしたが、プラハで自分の先生のティコ・ブラーエ（一五四六―一六〇一）が、天動説の立場を採りながら残してくれた厖大《ぼうだい》な観測データを承け継ぎ、それを利用して、惑星運動の三法則を発見することによって、地動説を科学理論として確立したのです。こうしてケプラーは、擬人論的・汎心論的な自然観を脱却し、自然をもっぱら物質的に、そして物質をもっぱら量的関係に即して見る量的自然観を獲得しました。彼は「物質のあるところ、そこには幾何学がある」とか「宇宙は量に分与している」といった言葉で、その立場を表明しています。

ガリレオの功績

一方、地上の力学現象についても、レオナルド・ダ・ヴィンチ（一四五二―一五一九）が、経験の重要性と、その経験的認識の結果に数学的表現を与えるべきことを強調し、力学こそ「数学的科学の楽園である」と主張していますが、それを承《う》けて、その方向をいっそう徹底したのがガリレオでした。彼は、木星の衛星の発見などさまざまな天文学上の発見のほかにも、慣性の法則や落体の法則など力学上の重要な発見もし、天体の運動と地上の物理現象とを統一的に捉《とら》える立場を獲得しました。

しかし、おそらくガリレオの最大の功績は、彼が自分自身の発見を認識論的に反省して、数学的自然科学の方法を確立したことでしょう。彼の根本思想は、「自然という書物は数学的記号で書かれている」のだから、それを読み解くことが自然研究の目的だというところにありました。そのために彼は、一方では感覚的経験を重視しながらも、他方では思考によってそこに数学的に表現可能な量的関係をもとめることの重要性を強調します。そして、そのためには、自然を単に受動的に観察するだけではなく、実験によって、能動的に自然に働きかけていかなければならないと考えました。実験は、感覚的経験の所与のうちから量的に規定可能な単純な要素を切りとってくることを可能にします。ガリレオは、自然界を織りなすこうした単純な要素を分析的に取り出してくることを「分析的方法」と呼びます。次にこうして得られた要素を数学的計算によって相互に結合し、その結果をふたたび実験によって確かめる必要がありますが、この手続きを彼は「総合的方法」と呼んでいます。このように分析と総合という二重の方法によって自然を織りなしている量的関係をとらえ、それを数学的に表現するというガリレオのこの方法によって、近代の数学的自然科学の方法論的基礎が確立されることになりました。

数学的自然科学の謎《なぞ》

しかし、当時の人たちから見ると、数学的自然科学という考え方には一つの大きな謎がありました。それというのも、自然というのは感覚的経験によってわれわれに与えられる、われわれの外部にあるものです。ところが、数学的諸観念、たとえば数の観念や幾何学的図形の観念は、感覚的経験に与えられたものから獲得された経験的観念ではありません。2や3といった数の観念に対応する対象や、純粋な二次元の平面に幅のない直線で描かれた三角形の観念に対応する対象が、われわれの感覚的経験に与えられることはけっしてないのです。にもかかわらず、われわれの精神のうちにはそうした観念がある、しかもすべての精神に普遍的にそうした観念がそなわっていて、それによって普遍的な数学的認識をおこなうことができる以上、こうした観念はわれわれの精神に生得的なもの、神がすべての精神に等しく植えつけた「生得観念」だと、当時の人たちは考えたのです。

そうだとすると、われわれの外部にあって感覚的経験によって与えられる自然の研究に、そうした感覚的経験とまったく無関係にわれわれの精神にそなわっている数学的諸観念が適用されうるということは、けっしてあたりまえのことではありません。

なぜそうした適用が可能なのか、その存在論的基礎づけが必要です。やってみたらうまくいったというだけでは、この方法を自然研究一般に適用できる普遍的方法だと主張するわけにはいきません。この数学的自然科学の存在論的基礎づけをし、これを自然研究の普遍的方法にするのがデカルトの仕事になるのですが、それを考える前に、彼の経歴をざっと見ておきましょう。

デカルトの生涯

ルネ・デカルトは一五九六年に中部フランスのトゥーレーヌ州（現アンドル＝エ＝ロワール県）のラ・エ（現在はデカルト市）に、当時の新興階級だった法官貴族の子として生まれました。彼は一六〇六年、十歳のときから八年ないし九年間、イエズス会経営の名門校ラ・フレーシュの学院で当時ヨーロッパで最高の教育を受け、人文学とスコラ学を学びます。イエズス会は、カトリック陣営のなかでも教皇直属の修道会で、反動宗教改革の急先鋒《せんぽう》でしたが、海外布教と教育には力を入れていました。ラ・

フレーシュの学院でも、当時の最先端の自然研究などを教えていたようです。この学院は、フランス王家がイエズス会の歓心を買おうと、王城の一つを提供してつくらせたものでした。

デカルトはそこでの学業を終えると、一六一六年に一年間ポワチエ大学で医学と法学を学び法学士号を取得しています。そのあとしばらくのあいだ消息不明になるのですが、その後は、当時の貴族の子弟が一般にそうしたように、軍隊に入ってヨーロッパ中を旅行して歩きます。「世間という大きな書物」から学ぼうと思ったと言っています。三十年戦争がはじまる前後でしたが、一六一八年にはまず、プロテスタント陣営の主力だったオランダのナッサウ伯マウリッツの軍隊に入ります。このころブレダの町で科学者のイサーク・ベークマン（一五八八―一六三七）と知り合い、数学的自然研究――デカルトは「物理・数学」(physico-mathématiques《フィジコ・マテマティック》) と呼んでいますが――について共感し合い、ガリレオの発見した物体落下の法則の追実験をしたりしています。

翌一六一九年にはデカルトはオランダを離れてドイツへいき、フランクフルトでおこなわれたフェルディナント二世の神聖ローマ帝国皇帝戴冠式《たいかんしき》を見物したあと、今度はどうしたことか、カトリック陣営の中核をなしていたバヴァリア公マクシミリアン一世の軍隊に入ろうとします。貴族の子弟の軍隊経験なんて、直接戦闘にくわわることもなく、そんなふうに旅行をして見聞をひろめるものだったようです。しかし、このときデカルトは、冬の初め、ドナウ河畔のウルム近郊のノイブルクという村まできたところで足どめをくい、宿の炉部屋にこもって思案を重ね、普遍数学（mathesis《マテーシス》・universalis《ウニヴェルサーリス》）の構想を得、その次第を『方法序説』（一六三七）の第二、三部に書いています。

　その後デカルトは軍隊を離れ、北欧や東欧まで旅をしたようですが、一六二二年にはフランスにもどり、翌年から二年間をイタリアで過したあと、パリでメルセンヌ（一五八八―一六四八）やミドルジュ（一五八五―一六四七）らと知り合い、彼らと協力して数学や光学の研究をおこないますが、一六二八年、研究の自由を得ようとしてオランダに移住し、九ヶ月間形而上学《けいじじょうがく》に専念して、一六二九年には、のちに『省察』（一六四一）で展開するような思想――つまり、数学的自然科学の存在論的基礎づけ――の見通しを得ています。

　さらにその後デカルトは、『哲学原理』（一六四四）や『情念論』（一六四九）といった重要な著作を刊行しますが、一六四九年のはじめ、スウェーデン女王クリスティーナに招かれ、その年の秋、極寒の地ストックホルムにいき、多忙な女王のために真冬の早朝に講義をしたりしたため肺炎にかかり、一六五〇年二月、その地で客死しました。

普遍数学の構想

デカルトが一六一九年にノイブルクの炉部屋で構想した「普遍数学《マテーシス・ウニヴェルサーリス》」というのは、次のようなものでした。「マテーシス」というのは、古代ギリシアのピュタゴラス教団において、その教徒として「学ぶべきもの」という意味で算術・幾何学・天文学・音楽の四学科がそう呼ばれていました。天体の運行がたがいに整数比をなしていると考えられていましたし、音楽も古代ギリシアでは弦楽器が中心だったので、和音をなす弦の長さがやはり整数比をなしているというところから、天文学も音楽も数に分与しており、これらをおこなうことは、眼であるいは耳で数学をすることだと考えられていたのです。そこから「マテーシス」という言葉が「数学」という意味に変わっていきました。

デカルトの時代には、この「マテーシス」にさらに代数学・光学・力学がくわえられていましたが、デカルトはこれら対象領域のまったく異なる諸学問が同じ「数学《マテーシス》」の名のもとに包摂されるのはそれなりの理由があるからであって、結局のところ「順《オル》序《ドー》あるいは量的関係《メンスラ》が問題とされるすべての事物は数学に関係し、そしてこのような量的関係が数において問われようと図形において問われようと、あるいは量に関して問われようと、音に関して問われようと、それは問題ではない」からだと言います。

デカルトはここから、数とか図形とか天体の運行とか音の高低とか特殊な質料にしばられることなく、ただ順序と量的関係というその形式だけに関わる学問を考案することができると考え、それを「普遍数学《マテーシス・ウニヴェルサーリス》」と呼んでいます。もしこうした学問が実現できたら、それを媒介にして数学的諸学科、たとえば代数方程式を幾何学的図形によって表現し、幾何学的図形を代数方程式によって表現するといったように、両者を相互表出の関係におくことができるにちがいありません。事実デカルトは、この発想から解析幾何学を構想しています。

数学的自然科学の存在論的基礎づけ

先ほど言いましたように、デカルトは一六二八年に、自由に研究のできそうなプロテスタント圏のオランダに移住しますが、そのころから普遍数学——つまり自然諸科学の体系化——の構想から離れ、そうした数学的自然科学の哲学的基礎づけの問題に取り組むことになります。その成果が先ほどふれた一六三七年の『方法序説』や、さらには四一年にラテン語で書かれた『省察』で表明されることになります。

この『省察』は、正式には『神の存在、および人間の精神《アニマ》の身体からの区別を論証する、第一哲学についての省察』という書名で、第一哲学的省察、つまり前に言ったような意味での形而上学的省察を述べたものです。ここで彼が自分に課した問題は、簡単に要約すると、こういうことになりそうです。

まず一つは、自然研究と数学との結びつきが、やってみたらうまくいったということではなく、必然的なものだということを論証すること、次に、この必然性を論証することは、自然を徹底して量的なものだと見ることになりますが、それは自然をさまざまな質からなると見てきたスコラ哲学の自然観と真向から対立することになります。そうすると、そうした数学的自然研究の試みはキリスト教の信仰に背くということになりそうですが、そんなことはない、数学的自然研究はけっして異端思想ではないということの論証をしなければなりません。

この二重の課題を解決するためにデカルトはこんなふうに考えました。質、つまり、感覚的諸性質は私たちの肉体的な感覚器官に与えられるものですが、量的諸関係の方は肉体的に感じとられるものではなく、精神によって洞察されるものです。したがって、肉体的感覚器官に与えられる質的な諸相はけっして自然の真の姿ではなく、それを越えて精神の洞察する量的関係の方が自然の真の姿なのだということを論証すれば、自然研究と数学との結びつきは必然的だということになります。しかし、それには、わたしたち人間にあって、肉体的存在は偶有的なものであり、わたしたちの精神はこの肉体から実在的に区別されうるし、そんなふうに肉体から区別された精神こそがわたしたちの実体をなしているのだということが論証されねばなりません。『省察』の表題のなかで「人間の精神の身体からの区別を論証する」と言われているのが、この課題を示しています。

方法的懐疑

デカルトは、『方法序説』でも『省察』でも、この課題解決を直接もち出すのではなく、あるレトリークに乗せて提出するのですが、そこは区別して考えた方が分かりやすいと思います。つまり、レトリークの装飾をはぎとって、彼が本当に言いたいことを直接考えた方がよさそうなのです。

デカルトがまずとってみせた方策が「方法的懐疑」でした。彼は、いっさいの学問的認識を支える基礎となるような「万古不易な」真理、つまりどう疑おうと思っても疑いえない真理を発見しなければならないと思い、その真理発見の手段として考えたのがこの「方法的懐疑」なのです。どう疑おうと思っても疑いえない真理を発見するための方法ですから、その懐疑はどれほど大袈裟《おおげさ》な懐疑、普通はしないような懐疑であってもいいことになります。

わざわざ「方法的懐疑」と言うのはどうしてかと言いますと、これはいわゆる「懐疑主義的懐疑」と区別するためです。デカルトに先立つルネサンス期には『エセー』を書いたモンテーニュ（一五三三―九二）、そしてデカルトと同時代の十七世紀にもガッサンディ（一五九二―一六五五）やメルセンヌ、ピエール・ベール（一六四七―一七〇六）といった人たちが、古代のピュロン（前三六〇頃―前二七〇頃）やセクストス・エンペイリコス（二、三世紀頃）、それにキケロらの懐疑主義を復興し、これが流行の思潮になっていました。新旧の思想が混在した混乱期だったからでしょうね。

しかし、「すべては疑わしい」と主張する懐疑主義的懐疑は、その主張自体も疑わしいことになって、一種の自己撞着《どうちゃく》に陥ります。デカルトはそれを避けるために、これはあくまで絶対的真理獲得のための方法としての懐疑なのだということを強調したのです。「ほんの少しでも疑いをかけうるものは全部、絶対的に誤りとして廃棄すべきであり、その後で、私の信念のなかにまったく疑いえない何かが残るかどうか」を見きわめようとするのです（『方法序説』谷川多佳子訳、岩波文庫、以下同様）。

こうしてデカルトは、わたしたちの外的感覚器官の教えてくれること、つまり外的世界が存在することを疑い、次にわたしたちの内的感覚器官の教えてくれること、つまり自分の肉体が存在することを疑います。これらは疑えばいくらでも疑えます。さらに彼は、数学的認識のような理性の教えてくれることも疑っていき、いっさいを懐疑の坩堝《るつぼ》に投げこみます。こうして「どんな身体も無く、どんな世界も、自分のいるどんな場所もない」と仮想し、いわば絶望の淵《ふち》に立たされますが、そのとき一条の光が射《さ》してきます。というのも、デカルトは、そんなふうにどれほどいっさいを疑い、「すべてを偽と考えようと」、そうして疑いつつある「私」、「そんなふうに考えているこの私」は「必然的になにものかでなければならない」ということに気づくからです。この「私」の存在を疑えば疑うほど、その「疑っている当の私」の存在、広い意味での「考えている私」の存在はいっそう確実になります。「そして〈私は考える、ゆえに私は存在する〉というこの真理は、懐疑論者たちのどんな途方もない想定といえども揺るがしえないほど堅固で確実なことを認め、この真理を、求めていた哲学の第一原理としてためらうことなく受け容れられる、と判断した」とデカルトは結論しています。〈私は考える、ゆえに私は存在する〉は『方法序説』ではJe pense, donc je suis.《ジュ・パンス・ドンク・ジュ・スィ》とフランス語で書かれていますが、その後この本がラテン語に訳されたとき、当然この部分もラテン語にされ、cogito, ergo sum《コギト・エルゴ・スム》. となり、この簡潔なかたちで有名になりました。これが近代的自我の自覚と言われてきたものなのです。

「私は考える、ゆえに私は存在する」

では、ここでその存在が確実だとされた「私」とは、いったいどんな「私」なのでしょうか。これはけっして人間としてのこの「私」のことではなさそうです。それを果たして「近代的自我」と言えるかどうか問題です。デカルトはこう言っています。「それから、私とはなにかを注意ぶかく検討し、次のことを認めた。どんな身体も無く、どんな世界も、自分のいるどんな場所も無いとは仮想できるが、だからといって、自分は存在しないとは仮想できない。反対に、自分が他のものの真理性を疑おうと考えることと自体から、きわめて明証的にきわめて確実に、私が存在することが帰結する。逆に、ただ私が考えることをやめるだけで、仮にかつて想像したすべての他のものが真であったとしても、私が存在したと信じるいかなる理由も無くなる。これらのことから私は、次のことを知った。私は一つの実体であり、その本質ないし本性は考えるということだけにあって、存在するためにどんな場所も要せず、いかなる物質的なものにも依存しない、と。したがって、この私、すなわち、私をいま存在するものにしている魂は、身体〔物体〕からまったく区別され、しかも身体〔物体〕より認識しやすく、たとえ身体〔物体〕が無かったとしても、完全に今あるがままのものであることに変わりはない、と」

ここで「実体」と言われているのは、やはりデカルトが一六四四年にラテン語で専門家相手に書いた『哲学原理』によると、「存在するために他のいかなるものをも必要とせずに存在するもの」(I五一)だとされています。本当の意味でそうした実体たりうるのは、「神」だけですが、デカルトは神によって創造された「精神」と「物体」をも実体と認めました。また、そこで「魂《メンス》」と言われているのも、「精神《エスプリ》」と同じ意味です。

いま引用した箇所から見るかぎり、「私は考える、ゆえに私は存在する」と言われている「私」とは、「考えるもの」(res cogitans《レース・コギタンス》)たるかぎりでの「私」、つまりあくまで「心もしくは精神」(mens sive animus《メンス・シヴエ・アニムス》)、「悟性」(intellectus《インテレクトウス》)、「理性」(ratio《ラティオ》)たるかぎりでの「私」だということになります。身体から実在的に区別され、それが存在するために身体のようなものはいっさい必要としない、「精神」としての、「理性」としての「私」の存在がここで確認されたわけなのです。繰りかえしますが、『省察』の表題のなかにあった、「人間の精神《アニマ》の身体からの区別を論証する」というところがまさしくこれに当たります。

もっと簡単に言えば、結局デカルトは、わたしたち人間にあって実体をなしているのはあくまで「精神」であり、「身体」の方はたまたまくっついているだけだ、「精神」は「身体」と実在的に区別されうるし、「身体」がなくても「精神」はそれだけで存在しうる、と言いたいのです。なぜなら、この「精神」つまり「理性」は神の創造した実体であり、わたしたち人間のうちにあっても、いわば神の理性の出張所のようなものだからです。こうした意味での「精神」つまり「理性」としての「私」の存在の確認が、果たして近代的自我の自覚ということになるものかどうか、わたしには疑問です。

デカルトの主張したいのは、次のことだけなのです。つまり、そうだからこそ、肉体的感覚器官に与えられる感覚的諸性質は「物体」の、つまり「自然」の実在的構成要素ではなく、単にわたしたち人間にとって偶有的なものである身体への現われにすぎないのであり、「物体」つまり「自然」を真に構成しているのは、わたしたちの「精神」が洞察する「量的諸関係」だけなのだ、と。

しかし、それに先立って、デカルトは、神の存在証明という妙なことをはじめます。『省察』の表題にあった「神の存在を論証する」というところに該当する作業です。

一般にこのころおこなわれていた「神の存在証明」というのは、神が存在するかしないかを論証しようというのではなく、神が存在することは決まりきったことなので、それをいかに論理的にうまく論証してみせるかという知的ゲームのようなところがありました。デカルトがその証明をどんなふうにおこなったかを一々紹介するには及ばないと思います。

デカルトのここでの狙《ねら》いは、いわゆる「生得観念」の客観的妥当性を確保するところにあります。彼によれば、一般にわたしたちのもつ観念には、感覚的経験を通じて外から得られる (1)「外来観念」(感覚的諸性質や、経験的事物の観念) と、それをもとにしてわたしたちが作り上げた (2)「作為観念」(半人半鳥のシレーヌとか天翔《か》ける馬ペガサスの観念など)、そして数学的諸観念や神の観念などのように、感覚的経験を通じて得られるはずはないのに、すべての精神に等しくそなわっている (3)「生得観念」の三種の観念があります。「生得観念」は当時の人びとには、神がわたしたち人間の精神に、その必要備品として植えつけた観念だと思われていました。

いま問題になっているのは、いっさいの肉体的感覚器官から切り離された純粋な精神なのですが、この精神が「明晰《めいせき》判明」に知覚しうるのは、「生得観念」だけです。しかし、「明晰判明」というのは、精神が観念を知覚するさいの主観的度合にすぎず、その観念《イデア》によって思念されている事態《イデアータ》の客観的実在性――その観念に対応する客観が実在するということ――を保証してくれるものではありません。そこでデカルトは、この生得観念をわたしたちに与えた神の存在と、その観念が真であること、つまりその観念に対応する客観が実在することを保証してくれる神の誠実さとを証明して、その保証をとりつけようとするのです。神は誠実なのだから、その神が真の観念としてわたしたちの精神に植えつけた観念には客観的実在性がある、つまりその観念に対応する客観は実在せざるをえない、というわけです。

なぜデカルトがこんなにややこしい手続きを踏まなければならないのかは、次のことを念頭に置けば理解できると思います。一般にキリスト教の世界創造論では、こんなふうに考えられています。つまり、世界は神によって創造されたものであり、したがって、世界には最高の理性（Ratio《ラティオ》）としての神の意図が摂理（ratio《ラティオ》＝理性的法則）として支配している。一方で神は、世界創造の仕上げとして、みずからに似せて人間を創造し、それに理性（ratio《ラティオ》）を与えた。したがって、人間の理性は人間のうちにありながらも神の理性の出張所か派出所のようなものである。その理性に神によって植えつけられた生得観念は、世界創造の設計図ともいうべき神の諸観念の不完全な部分的写しのようなものだということになる。したがって、人間の理性に生得的な観念と、世界を貫く理性法則とは、神を媒介にして対応し合っている。人間が生得観念をうまく使いさえすれば、世界を底の底で成り立たせている理性法則を正しく認識することができるはずである——と、だいたいこんなふうに考えられているわけです。デカルトは、キリスト教のこの世界創造論を、神から話をはじめるのではなく、人間にとって身近な人間理性の直観的な自己確認から話しはじめ、いわば話の順序を変えて展開してみせたのです。

数学と自然研究の結びつきは必然的である

これだけの手続きを踏んだ上で、デカルトは「物体」が存在することを証明しようとします。彼の言うところでは、こんなふうに神の存在とその誠実さが証明されたのであるから、「私の精神がその明晰判明な観念をもちうるかぎりでの物体」の存在は信じてよいのです。だが、ここでその存在が証明された「物体」というのが妙なものなのです。というのも、ここで言われている「私の精神」は、方法的懐疑の過程で身体から切り離され、したがって肉体的感覚器官などもっていない精神です。その精神が「明晰判明な観念をもちうるかぎりでの物体」は、当然、光とか色、音、香、味、熱と冷、その他触覚的諸性質など感覚器官を通じて得られる諸性質をもっていない物体なのです。だが、物体からそうした感覚的諸性質を剝《は》ぎとってしまったら、いったいあとになにが残るでしょうか。残るのはおそらく、その物体が占めている空間的拡《ひろ》がりだけではないでしょうか。実際にデカルトは、それを、「延長、すなわち長さと幅と深さとに拡がり、そのさまざまな部分が、さまざまな形体をもち」、「さまざまな形体をもったそれらのものの相互の位置、および運動、すなわちこのような位置の変化」と言っています。純粋な精神が洞察しうるのは、こうしたまったくの空間的拡がり（延長）に還元された物体と、その位置の変化としての運動だけだというのであり、その範囲内での物体の存在が証明されたわけです。

　以前ふれたように、スコラ哲学の自然観では、物体のもつ感覚的諸性質は、実体形相という微弱な生命的原理が外に発現したものだと考えられ、当然そうした質は自然の実在的構成要素だとされていたのですが（質的自然観）、デカルトによれば、そうした感覚的諸性質は物体そのものに属するものではなく、物体がわたしたちの肉体に現われてくる現われ方にすぎず、したがって実在するものではないとされます。彼にとって、それがなくなれば物体そのものがなくなるような実在的な性質は、空間的拡がりつまり延長（extensio《エクステンシオ》）、数学的に処理可能な空間的量だけなのです。デカルトは「物体すなわち延長」（corpus sive extensio《コルプス・シヴェ・エクステンシオ》）という言い方で、この物体観を表現しています。

こうして、デカルトの考えでは、肉体から実在的に区別されうる純粋な精神の洞察するものだけが自然の真の姿であり、それは幾何学的に規定可能な空間的延長にすぎない物体と、きわめて機械的におこなわれるその物体の運動だけからなっていて、そこには数学的に処理できないような生命だの質だのというものはいっさいふくまれていないのです。彼は、当時の数学ではうまく処理できなかった「力」さえ自然から排除してしまいました。彼の自然観がしばしば「世界幾何学」と言われるのはこのせいなのです。

いずれにせよ、こうして、数学と自然研究の結びつきは、やってみたらたまたまうまくいったというのではなく、必然的なものであることが論証されたことになります。こうした数学的自然研究の存在論的基礎づけこそ、デカルトが自分に課した究極的課題の一つだったのです。

量的自然観はキリスト教の信仰に背かない

ところで、デカルトにはもう一つの課題がありました。それは、彼がこうして構築した量的自然観は、明らかにスコラ哲学の質的自然観に対立するものです。とすると、こうした量的自然観はキリスト教の信仰に背くと非難されるのではないか、という問題でした。まだガリレオの地動説が宗教裁判にかけられるような時代だったのです。

しかし、デカルトは、この問題に関しても十分な確信はもっていたようです。というのも、彼はオランダ移住に先立って、パリに滞在していたころ、オラトリオ修道会（フランスではオラトワール修道会）の人たちと親しく交わり、プラトン－アウグスティヌス主義復興の運動にふれていましたが、この立場からすれば、方法的懐疑によって精神を肉体から浄化することはそのまま信仰の道に通じることになりますし、むしろスコラ哲学の生物主義的な自然観の方が、自然を目的論的に見ることになり、神の世界創造の意図を人間の知性でうかがい知ろうとするもので、神の意志の自由を制限することになりそうなのです。少なくとも、こう言って異端の非難を逃れることができると、デカルトは考えていたようです。

超自然的思考様式の近代的更新

こんなふうにしてデカルトは、量的自然観とそれに基づく数学的自然研究の存在論的基礎づけ——つまり感覚的経験によって手に入れたのではなく理性に生得的な数学的諸観念と、経験的な自然研究の諸成果との結びつきは、やってみたらたまたまうまく結びついたというようなものではなく、普遍的なものであり必然的なものだということの論証――をみごとにやってのけました。彼自身にとっては、これが当面の目標だったのですが、この目標を達成するなかで、デカルトは、わたしたちの眼から見てもっと重大に思われる転回をなしとげるのです。

それは、プラトン以来の超自然的（＝形而上学的《けいじじょうがく》）な思考様式を、いわば近代的に更新した、あるいは、少なくともその準備を整えた、ということなのです。というのも、デカルトのもとでは、むろん神の理性に後見してもらっての話ではあるのですが、自己の存在の確実性を確信した人間理性が「明晰判明な観念」をもつことのできるもの――つまり人間理性が明確に認識できるもの――だけが「真に存在する」と認められるわけで、結局は人間理性が自然のうちになにが存在することができ、なにが存在することができないかを決める決定権をもつことになるからです。当然、そうした決定権をもつ人間理性は、ほかのものと一緒に自然のうちに存在しているようなものではありえず、一種超自然的原理でなければなりません。言いかえれば、人間の理性が「それがなんであるか（本質存在《エッセンティア》）」を明確に認識することのできるものだけが、自然のうちに「現実に存在すること（事実存在《エクシステンティア》）」を保証されるわけで、当時の知識の混乱のなかで実にさまざまな意味に使われていた「存在する」という言葉に、「理性の明確な認識の対象であること」という一義的な意味が与えられたのです。

こうして、プラトンのもとでは「イデア」が、アリストテレスのもとでは「純粋形相」が、キリスト教神学においては世界を創造した「人格神」が果たしていた超自然的原理の役割、つまりなにが存在しなにが存在しないかを決定する役割を、デカルトのもとでは「人間理性」が果たすことになったわけです。いや、まだ神の理性の強い後見を受けての話ですから、人間理性がそうした役割を果たす準備がととのえられたと言うべきでしょう。これで、神的理性にうまく退陣してもらうことができさえすれば、そのときこそ、本当に近代がはじまることになるのでしょうが、それにはカント（一七二四―一八〇四）の登場までもう一世紀半近く待たねばなりませんでした。

近代哲学の構図

ところで、先ほどデカルトが『哲学原理』（I五一）で、「存在するために他のいかなるものをも必要とせずに存在するもの」を「実体（substantia《スブスタンティア》）」と呼び、「考える私」をそうした意味での「実体」と認めていることを紹介しました。substantia《スブスタンティア》というこのラテン語は、アリストテレスの用語だったギリシア語の hypokeimenon《ヒュポケイメノン》の逐語訳なのです。hypokeimenon《ヒュポケイメノン》は hypo《ヒュポ》（下に）＋ keimenon《ケイメノン》（横たえられたもの）という造りの言葉で、通常「基体」と訳されています。substantia《スブスタンティア》も sub《スブ》（下に）＋stantia《スタンティア》（立つもの）という造りですから、hypokeimenon《ヒュポケイメノン》のいわば逐語訳なのです。ところで、hypokeimenon《ヒュポケイメノン》のラテン語訳に、もう一つ subiectum《スブイエクトゥム》という言葉があります。これも sub《スブ》（下に）＋iectum《イエクトゥム》（投げ出されたもの）という造りで、やはり逐語訳ということになりますが、日本ではこちらの方が hypokeimenon《ヒュポケイメノン》の忠実な訳と見られてか、こっちが「基体」と訳されます。substantia《スブスタンティア》と subiectum《スブイエクトゥム》をまったく同義と考えてよいとすれば、デカルトのもとで人間理性が、自然のうちになにが存在し、なにが存在しないかを決め、いわばそこに存在するいっさいのものの存在を支える「基体《スブイエクトゥム》」になったということになります。

subject《サブジェクト》と object《オブジェクト》の意味の逆転

いや、デカルトがそんな言葉づかいをしているというわけではないのですが、この subiectum《スブイエクトゥム》という言葉が、近代語、たとえば英語の subject《サブジェクト》という言葉に承け継がれて「主観」という意味をもつことになり、近代哲学の中心的用語の一つになるその道筋を辿《たど》ると、そう考えざるをえないのです。つまり、人間理性が自然のうちにあるいっさいの存在者を支える「基体《スブイエクトゥム》」になったのですが、人間理性はその役割を認識の働きによって果たします。いわば人間理性が明確に認識できるものだけが「真に存在する」という資格を認められるわけだからです。そこから、「基体《スブイエクトウム》」に認識の「主観」という意味が生じてきました。

近代哲学では、その「主観《サブジェクト》」によって認識される対象が「客観《オブジェクト》」と呼ばれますが、この「客観《オブジェクト》」もラテン語の obiectum《オブイエクトゥム》 に由来します。そして、これもまたアリストテレスの用語だったギリシア語の antikeimenon《アンティケイメノン》 の逐語訳として造られた言葉です。anti《アンティ》（向うに）＋keimenon《ケイメノン》（横たえられたもの）が、ラテン語の ob《オブ》（向うに）＋iectum《イエクトゥム》（投げ出されたもの）に写されたわけです。アリストテレスの antikeimenon《アンティケイメノン》にはいくつかの意味があるのですが、その一つに「感覚の働きに向かいあうもの」という意味、つまり感じとられ表象されたものという意味があり、ラテン語の obiectum《オブイエクトゥム》ももっぱらその意味で使われ、「心に投射《イエクターレ》された事物の姿」、つまり事物の観念や表象という意味でした。

ややこしい話になりましたが、「主観／客観」という近代哲学の基本的な用語の誕生の由来を確かめようとしているわけなので、もう少しお付き合いください。ところで、hypokeimenon《ヒュポケイメノン》 と antikeimenon《アンティケイメノン》 とがアリストテレスの用語だと言いましたが、この二つの言葉が彼のもとで対《つい》にして使われていたわけではありませんし、ラテン語の

subiectum《スブイエクトゥム》とobiectum《オブイエクトゥム》も、スコラ哲学者のもとで対にして使われていたわけではないのです。しかも、hypokeimenon《ヒュポケイメノン》もsubiectum《スブイエクトゥム》も、最初は「基体」「実体」という意味であり、存在するために他のなにものをも必要とせず、それ自体で存在するもののことですから、「主観」といった意味はまったくなく、むしろ近代的意味でなら、客観的存在に近いものでした。一方、antikeimenon《アンティケイメノン》やobiectum《オブイエクトゥム》の方は、感覚の働きに向かいあったり、心に投射されたりするもの、つまり観念や表象に近い意味であり、近代的な意味でなら主観的なものに近いものでした。ところが、そのsubiectum《スブイエクトゥム》とobiectum《オブイエクトゥム》が、デカルトからカントにいたる間、十七世紀から十八世紀に移るあいだに、たがいに意味を逆転し、しかも対にされて「主観《サブジェクト》」と「客観《オブジェクト》」になったわけです。

ですから、このあたりは注意深く読んでいかなければ、とんでもない間違いをすることになります。たとえば、デカルトの『省察』のなかにrealitas objectiva《レアリタス・オブイエクティヴァ》という言葉が出てきます。ラテン語では形容詞を名詞の後に置くことが多いので、これは、英語ならobjective reality《オブジエクティヴ・リアリティ》となる言葉で、この英語は普通「客観的実在性」と訳されます。デカルトの『省察』の邦訳でも、昔はこの箇所をこう訳していましたし、いまでもこれに似た訳し方をしているものが多いようです。しかし、デカルトの時代には

realitas《レアリタス》という言葉に「実在性」という意味はなく、obiectiva《オブイエクテイヴァ》にも「客観的」という意味はありませんでした。ここでは、realitas obiectiva《レアリタス・オブイエクテイヴァ》は、心に投射され、いわば思い描かれたある事物の事象内容（大きいとか重いとか黒いといった内容）、つまり事物の諸性質の観念とか表象とかを意味しています。後世の意味で言えば「主観的な観念や表象」を意味しているのです。ですから、それを「客観的実在性」などと訳したのでは、なにがなんだかまったく分からなくなります。しかし、それから一世紀半ほどあとのカントの時代になると、ドイツ語のobjektive Realität《オブイエクテイーヴエ・レアリテート》、英語でならobjective reality《オブジエクテイヴ・リアリテイ》は、間違いなく「客観的実在性」という意味になります。言葉の意味や、その背後にあるものの考え方が大きく変わった時代だったのです。

それはともかく、デカルトのもとで人間理性が、自然のうちになにが存在し、なにが存在しないかを決定する原理の役割、したがってそれ自身は他のもののように自然のうちに存在するとはみなされない超自然的な存在、つまりsubiectum《スブイエクトウム》（基体）になり、しかもその基体の役割を認識の働きによって果たすところから、このsubiectum《スブイエクトウム》にやがて「主観」という意味が生じてくる準備がととのえられたと見てよいと思います。そして、このsubiectum《スブイエクトウム》（主観）の明確な認識の対象つまりobiectum《オブイエクトウム》（客観）になりうるものだけが「真に存在する」と認められることになり、いわば「主観《スブイエクトウム》／

客観《オブイエクトウム》」体制が成立することになります。もっとも、これもまた神的理性の後見を受けてのことですから、やはり準備がととのえられたということでしょうか。本当の意味でそうした体制が成立し、人間理性が超自然的原理としての「基体」になるには、先ほど言ったように、神の理性に退陣してもらわなければならず、それには十八世紀後半のカントの時代まで待たなければなりませんでした。

第四章　近代哲学の展開

古典的理性主義から啓蒙《けいもう》的理性主義へ

理性を重視したという意味では、デカルトの哲学は間違いなく「理性主義の哲学」です。この「理性主義」の原語は、英語ならrationalism《ラショナリズム》で、これが「合理主義」と訳されることもあります。ラテン語で「理性」を意味するratio《ラティオ》が語幹になっているのですが、このratio《ラティオ》は人間の認識能力だけを言うのではなく、世界創造の設計図になった神の大文字の理性Ratio《ラティオ》も、その設計図に従って世界に仕こまれた摂理、つまり理性的法則としてのratio《ラティオ》をも指しています。神のRatio《ラティオ》を中心にして、一方に世界を貫く理性法則としてのratio《ラティオ》、そして、神によって神の理性の似姿として植えつけられた人間のratio《ラティオ》と、この三つの理性の織りあげる秩序を重視するのが、十七世紀前半の理性主義であり、「古典的理性主義」とも呼ばれます。ここでは、神的理性を論じる「神学」と、世界の理性法則を論ずる「科学」と、人間理性を論ずる「哲学」とがたがいに調和しつつある統一を保っていたので、調和の時代とも呼ばれました。しかし、この調和も統一も、すべて神的理性の後見のもとに成立していたのです。

それが、十八世紀に入ると、まるで事情が変わります。この十八世紀も「理性の時代」とか「啓蒙の世紀」と呼ばれます。「啓蒙」というのは英語の enlightenment《エンライトゥンメント》、ドイツ語の Aufklärung《アウフクレールング》 の訳語なのですが、この英語もドイツ語も「照らし出す」という意味であり、つまりは理性の光によって照らし出すということなのです。しかも、ここで考えられている「理性」は、十七世紀の古典的理性ではなく、神的理性の後見を脱した啓蒙的、批判的理性です。ドイツ啓蒙思想を代表するカント（一七二四―一八〇四）がこの「啓蒙」という概念を定義してこう言っています。「啓蒙とはなにか。それは人間がみずから招いた未成年状態を脱《ぬ》け出すことである。未成年とは、他人の指導がなければ自分の理性を使うことのできない状態である」（『啓蒙とはなにか』）。つまり、神的理性の後見を排して、自立した人間理性が、これまで自分を支えてくれると思っていた宗教や、さらには形而上学《けいじじょうがく》をさえ迷蒙と断じて、その蒙（くらがり・無知）を啓《ひら》き、それを批判する理性になるということです。

ベーコン（一五六一―一六二六）やニュートン（一六四二―一七二七）やロック（一六三二―一七〇四）らイギリスの知識人のもとではじまった啓蒙の運動は、ヴォルテール（一六九四―一七七八）やディドロ（一七一三―八四）に代表される無神論的、唯物《ゆいぶつ》論《ろん》的なフランスの思想家たちのもとで、まさしくこの「批判する理性」に転じます。

しかし、その批判は、単に外にある権威に向けられるだけではなく、理性そのものにも向けられなければならなくなります。

それというのも、このように人間理性が神的理性の後見を脱することになると、重大な困難が生じてくるからです。つまり、これまでは神的理性によって保証されているからこそ、人間理性は自分が明晰《めいせき》判明に見てとることのできる生得観念の客観的妥当性、つまりその観念の対象が真に実在することを信じ、それを頼りに世界の存在構造についての確実な認識を手に入れることができると思っていたのですが、神的理性のそうした媒介がなければ、人間の理性的認識と世界の合理的存在構造との一致は簡単には成り立たないことになるからです。

イギリス経験主義の哲学

そうした媒介もなしに、理性に生得的な諸観念をうまく操作しさえすれば、われわれは世界（自然）を奥の奥で成り立たせている存在構造を確実に知ることができると主張するのは、なぜだか分からないけれど、世界は人間理性に合わせてつくられていると主張するようなもので独断のそしりをまぬがれません。事実、十七世紀のいわゆる理性主義的な哲学は、次第に独断論の色合いを濃くしていきました。そうしたいき

方に対する反省から、ロックにはじまりバークリ（一六八五―一七五三）、ヒューム（一七一一―七六）によって承《う》け継がれていくイギリスの啓蒙思想は、それだけがわれわれに確実な認識を与えてくれると考えられてきた「生得観念」や、それを使った理性的認識の効力を否定し、われわれの認識はすべて感覚的経験にもとづく経験的認識だと主張しましたが、彼らはそれと同時に数学や物理学の認識の確実性をも否定することになりました。彼らの思想がイギリス経験主義の哲学と呼ばれるのは、こういった意味からです。

その反省を踏まえて、ある範囲内でのわれわれの理性的認識の効力を認めること、つまり神的理性の媒介なしにもある範囲内でのわれわれの理性的認識と世界の合理的存在構造とが一致しうるということを主張しようとしたのがカントです。カントは、われわれの純粋な理性的認識の有効範囲を理性そのものの自己批判によって明らかにしようとし、その課題にみごとに応《こた》えることができたのです。その成果が、彼の主著『純粋理性批判』（一七八一）でした。この書名は、純粋な理性的認識が有効に働く範囲と、その働きがまったく無効になってしまう範囲とを批判的に区別しようという意味なのです。

カントの生涯

イマヌエル・カントは一七二四年に、当時東プロイセンの首都でもあった国際的な港町のケーニヒスベルク（現・ロシア領カリーニングラード）に生まれ、一八〇四年に八十歳でこの町に歿《ぼっ》しています。ここの大学で哲学を学び、永年家庭教師や私講師（非常勤講師）をしたあと、一七七〇年、四十六歳になってやっと教授になり、八一年、五十七歳で主著の『純粋理性批判』を書くという大器晩成型の人で、八八年に『実践理性批判』、九〇年に『判断力批判』を書き、このいわゆる「三批判書」でその体系を完成させました。身体《からだ》が弱く、そのためもあって生涯独身で、この町を離れることもなく、ランペという名の老僕を相手に規則正しい静かな暮しを送ったといいます。

詩人のハインリッヒ・ハイネ（一七九七―一八五六）が、フランス人にドイツの宗教と哲学を紹介しようとして、『ドイツ古典哲学の本質』（一八三五、伊東勉訳、岩波文庫）というその邦訳名とは似ても似つかない痛快無比な本を書いていますが、そのなかでハイネは、この表向き静かな生活を送ったただの大学教授が世界を押しつぶすような破壊的な思想を形成したのであり、その証拠に、君たちの自慢するロベスピエールはせいぜいたったひとりの国王の首を切りおとしたくらいだが、カントは神様の首を切りおとしたのだ、と言っています。これはカントが『純粋理性批判』で、理論的認識の問題を考える場面に神や神的理性をもち出すのはおかしいと主張し、神の存在を否定しているように見えるからです。前にもふれたように、彼は神的理性の媒介なしにも、われわれ人間の確実な理性的認識と世界の存在構造との合致が成り立ちうることを論証するのに成功したのです。もっとも、カントもこの課題を解決するのに十二年間かかったといいます。そのあたりを考えてみなければなりません。

理性的認識と経験的認識

話を繰りかえすことになりますが、この時代、人間の認識についてたがいに対立しあう二つの立場がありました。「理性主義」と「経験主義」とです。理性主義は、われわれの理性には生得的な観念（理性にその必要備品として初めからそなわっている観念）があると考えます。観念というのが分かりにくければ機能と考えてもよいと思います。当時の人たちはこれを、神が人間に理性を授けたとき、そこに必要備品として植えつけた観念ないし機能だと考えていました。われわれのもっている観念は、大部分見たりさわったりといった感覚的経験によって得られる経験的観念ですが、それ以外に感覚的経験によって得られるはずはないのに、だれでもが一様にもっていて日ごろ使っている観念があります。数の観念とか幾何学的図形の観念などがそうです。これが当時「生得観念」とか「理性的観念」とか「先天的観念《ア・プリオリ》」と呼ばれました。

経験的観念を使って得られるのが「経験的認識」で、理性的観念を使って得られる認識――たとえば2＋3＝5とか、「三角形の内角の和は二直角である」といった認識――が「理性的認識」とか「先天的認識」ということになります。この理性的認識は理性をもつ者ならだれでもがもっている普遍的観念にもとづく認識ですから、それには、いつだれがどこで考えてもそうとしか考えられないという普遍性がそなわっていると思われました。

理性主義

しかし、この「理性的認識」には「普遍性」だけではなく「客観的妥当性」もそなわっていると考えられます。というのも、もし生得観念が本当に神によって人間理性に植えつけられた観念だとすると、それは世界創造の設計図になった神のもつ観念の写しのようなものですから、当然この生得観念は世界の仕組と対応し、その客観に妥当する、つまり客観的妥当性をもっていることになります。だからこそ、人間が感覚的経験などに頼らず、生得観念をうまく操作して手に入れた理性的認識（たとえば2＋3＝5といった数学的認識）は、世界の存在構造にきちんと対応する（たとえば二つの石と三つの石を合わせると五つの石になる）、つまり客観的妥当性をもちうるのだと、当時の人びとは考えたのです。

ところが、感覚的経験によって手に入れることはできないはずなのに、わたしたちがもっていて使う観念といえば、数学的観念のほかにも、「神」の観念とか、存在するものの全体という意味での「世界」の観念とか、「実体」（さまざまな感覚的諸性質の背後にあって、それらをまとめているもの）の観念とか、従来「形而上学的（超自然的）観念」と呼ばれてきたものもあります。こうした観念も理性的観念であり、それを使って得られる認識も理性的認識だということになると、そうした認識も数学的認識と同じように普遍性と客観的妥当性をそなえているとみなさざるをえないことになりそうです。そんなふうに考えて、十七世紀から十八世紀にかけて、世界の存在構造について独断的な理論を繰りひろげるいわゆる「理性主義的形而上学」の体系が次から次につくられました。新カント派系統の哲学史では、島国イギリスに対して、フランス、オランダ、ドイツなどヨーロッパ大陸の哲学者、たとえばフランスのデカルト、マルブランシュ、オランダのスピノザ（一六三二―七七）、ドイツのライプニッツ

（一六四六―一七一六）などの哲学体系が、この名で呼ばれていました。スピノザやライプニッツの哲学を単なる理性主義で片づけることはできないと思いますが、この人たちが、自分が経験したかぎりだいたいそうだったという、単なる蓋然《がいぜん》的真理性しかもたない経験的認識より、普遍性と客観的妥当性をもつ理性的認識を重視したとは言えそうです。

イギリスの経験主義

そうした「理性主義」的な考え方を批判し、それと対立する「経験主義」の立場を提唱したのが、十七世紀末から十八世紀にかけてのイギリスの哲学者たち、ロック、バークリ、ヒュームでした。

彼らは、「生得観念」とか「先天的観念」とか「理性的観念」とか（どれも同じことですが）といったものを認めるために、独断的な哲学の体系が勝手気ままに構築されるのだから、そんなものはいっさい否定して、われわれのもつ観念はすべて「経験的観念」であり、われわれのもつ認識はすべて「経験的認識」だと考えようとしました。

経験的観念とは、見たりさわったりする感覚的経験を通じて得られる観念であり、こうした観念を使って得られる認識が「経験的認識」です。そうした経験的観念は、その経験をした人しかもっていないことになりますし、経験的認識も、同じ経験をした人しか真であるとは認めません。つまり、経験的認識のもつ真理性は、せいぜいのところ、経験的蓋然性——同じ経験をした人たちの多くが自分の経験したかぎりではそうだったと認めるといった程度の確かさ——でしかなく、2＋3＝5といった数学的認識のように、いつだれがどこで考えてもそうとしか考えられないという絶対的普遍性や、世界を奥の奥で成り立たせている存在構造に合致しているといった客観的妥当性などはもちえません。イギリスの哲学者たちは、有限な人間には神のように絶対的真理を手に入れることなどできないのであり、経験的認識の蓋然的・相対的真理でがまんするしかないと考えたのです。

カントの疑念

しかし、そうした経験主義的な考え方からすると、2＋3＝5といった数学的認識や、ニュートン物理学の理論物理学的部分でさえも、だいたいのところそうだといった蓋然的真理でしかないことになりそうです。カントは、イギリスの経験主義に深く共感しましたが、そこにだけは疑問をもったのです。つまり、イギリスの哲学者たちの言うように、理性的認識だからというので、独断的な神学や形而上学の主張をそのまま認める必要はないが、だからといって同じ理性的認識だからというので数学や理論物理学の認識の普遍性や客観的妥当性まで否定するのもおかしい。理性的認識にも、それが有効に機能する場面と、もうそれが有効に機能できなくなる場面とがあり、それを区別する必要があるのではないか。言いかえれば、神的理性の媒介は拒否しながらも、われわれの理性的認識と世界の存在構造との合致の成り立つ可能性があるということの新たな基礎づけの作業、つまり人間理性の自己批判の作業をおこなう必要があるのではないか。そうカントは考え、その仕事に取り組んだのです。

　カントはこの問題を解決するのに十二年かかったと言っています。やっとその解決に達して書いたのが一七八一年の『純粋理性批判』でした。この表題は、経験に頼ることのない純粋な理性的認識が有効に成り立つ場面と、もはやそれが有効に働きえず、独断に陥ってしまう場面とを理性の自己批判によって区別しようといったような意味なのです。いったいカントはこの問題をどう解決したのでしょうか。

　もしわれわれの認識しているのが、われわれとは無関係にそれ自体で存在している世界（「物自体《ディング・アン・ジッヒ》の世界」）なのだとしたら、もともとその世界とは無縁のわれわれの理性のなかから汲《く》みとられてきた理性的観念を使って得られる理性的認識がその世界の存在構造に一致するはずはありません。しかし、もしその世界がわれわれの理性のつくった世界だとしたら、そうした一致が成り立っても不思議ではありません。といっても、人間の理性が神のように世界を創造するということではないのです。そうではなく、われわれ人間の有限の理性には、世界はそれを創造した神の理性に現われるように現われることなどありえず、それこそ眼の鱗《うろこ》を通して、さまざまな制限つきで現われてくるにちがいありません。そうだとすると、その制限のついた部分は、われわれの理性に間尺を合わせてつくられた部分と見ることができそうです。つまり、われわれの認識している世界が、われわれに現われ現象している世界（「現象《エアシャイヌング》の世界」）であり、与えられた材料が人間理性に特有の形式に合わせて加工された世界なのだとしたら、その形式的構造に関しては一々経験してみなくても、われわれ人間理性の認識能力を調査してみることによって、先天的《ア・プリオリ》に、つまり確実に（普遍性と客観的妥当性をもって）知ることができても不思議ではないことになります。

コペルニクス的転回

カントは、これまで「われわれの認識が対象に依存し」、単にそれを模写するのだと考えてきたのを一八〇度転回して、「対象がわれわれの認識に依存している」と考えなおすことによって問題を解決したと言い、自分の思考法のこの転回をコペルニクスの地動説の発見に比しています。つまり、「物自体の世界」に対しては、われわれの認識能力はまったく無力ですが、話を「現象界」に限るなら、少くともその形式的構造に関しては、一々経験してみなくても、普遍性と客観的妥当性をもった理性的認識をおこなうことができることになります。そして、現象界とは、実は自然界にほかならないのですから、人間理性は自然界の形式的構造の創造者——カントによれば「自然界の立法者」——だということになりそうです。こうして、カントのもとで人間理性は、限られた範囲においてであれ、もはや神的理性の後見などなくても、自然界になにが存在しえ、なにが存在しえないかを決定する、したがってそれ自身は自然には属さないいわゆる超自然的原理たりうることになりました。

超越論的主観性

カントはこうした超自然的原理の役割を果たす人間理性を「超越論的主観性(trans《トランス》-zendentale Subjektivität《ツエンデンターレ・ズブィエクティヴィテート》)」と呼んでいます。「超越論的《トランスツエンデンターレ》」というのは、通常の自然的存在者を成り立たせているカテゴリー(形式的構造)を超えたもっと高次の形式的構造を指す形容詞です。プラトンが『国家』篇のなかで「存在を超えて《エペケイナ・テース・ウーシアース》」

という言い方をしたのを元にして、古代末期の新プラトン主義者たちが造った「to《ト・》 epekeina《エペケイナ》」という奇妙なギリシア語の術語を、中世のスコラ哲学者たちがtranscen-《トランスケン》dens《デンス》というラテン語に訳し、「超越概念」という意味で使っていたのを採りあげて、カントが造った形容詞です。存在者の一般的な形式的構造よりもっと高次な形式的構造を形成する主観としての機能という意味で「超越論的主観性」などという言い方をしたのでしょう。このころから、ドイツの哲学者は大学の先生が多くなるので、言葉づかいも難しくなります。

直観の形式と思考の枠組《カテゴリー》

カントの考えでは、われわれが認識するのは、「物自体の世界」ではなく「現象界」であり、これは人間の認識能力に特有の制限を通りぬけて現われ出てきた世界なのです。それをカントはこんなふうに考えました。つまり、物自体に由来する材料（物自体がわれわれの感覚器官を刺戟《しげき》して、そこに生じさせる感覚）を、われわれはある形式（「直観の形式」）を通して受け容《い》れ、そうして受け容れた材料を次に一定の形式（「思考の枠組《カテゴリー》」）に従ってたがいに結びつけ整理する、そうすることによってはじめて人間の間尺に合った世界（「現象界」）が現われ出てくる、というわけです。

カントの考えでは人間の認識能力には、受け容れ（直観）の能力と、規定と結合（思考）の能力とがあり、その二つが協力し合って、与えられた材料を現象界に形成するのです。してみれば、現象界にどんな材料（感覚）が現われてくるのかは一々経験してみなければ知ることはできませんが、どんな材料であれ、それが一定の直観の形式のもとに現われ、一定の枠組に従って規定され結合されているということについては、一々経験してみなくても、つまり先天的に、理性的に知ることができることになります。現象界の内容に関しては、経験的に認識するしかないけれども、その形式的構造に関しては先天的認識、理性的認識が可能だということです。

カントは『純粋理性批判』で、われわれの認識能力を分析し、その直観には「空間」と「時間」という二重の形式が、そして思考能力は、「量・質・関係・様相」の四種類に分かれ、それぞれが三項から成る十二の「思考の枠組《カテゴリー》」（あるいは「純粋悟性概念」）があることを確かめます。「関係」の枠組《カテゴリー》には、「原因と結果」の関係もふくまれています。

つまりカントの考えでは、空間と時間は物それ自体が位置している場所のようなものではなく、われわれが外から与えられる材料（感覚）を受け容れるときにどうしても使わざるをえない主観的形式なのであり、したがって受け容れられた材料は必ず空

間の一点、時間の一点にあるものとして感じられるわけです。思考の枠組《カテゴリー》について

思考の枠組《カテゴリー》表（幾分簡略化してあります）

量	単一性	数多性	全体性
質	事象内容性	否定性	制限性
関係	実体と属性	原因と結果	相互作用
様相	可能性	現実性	必然性

も同様で、そうやって空間の一点、時間の一点にあるものとして受け容れられた材料は、今度は必ず一定の量的規定と質的規定を受け、たがいに一定の関係で結合され、さらに様相上の規定を与えられることになります。「原因と結果」の関係、つまり因果関係も、物それ自体のあいだに存在する関係ではなく、われわれが現象界を構成するために使う主観的形式なのであり、したがって現象界に現われてくるすべてのものが因果関係の網目に組みこまれているのです。現象界に現われてくるかぎりでは、われわれ人間やその行動もすべて、必ずなんらかの原因によって惹《ひ》き起こされているこ

とになります。

確実に成り立つ認識と成り立たない認識

そして、カントの考えでは、幾何学と数論は、直観の形式である空間と時間についての理性的（先天的《ア・プリオリ》）認識の体系にほかなりません。また、ニュートンによって形成された理論物理学（純粋自然科学）は、直観の形式と思考の枠組《カテゴリー》との組合わせによって生じてくる現象界の形式的構造についての理性的（先天的）認識の体系なのです。したがって、幾何学・数論・理論物理学は、理性的概念だけを使って得られる理性的認識であるにもかかわらず、われわれの認識する現象界に当てはまり、普遍性と客観的妥当性をそなえた確実な認識の体系として成り立ちうるわけです。

しかし、同じように経験に依存しない理性的認識だからといって、神学や形而上学の認識はそうした確実性はもちえません。というより、右の幾何学・数論・理論物理学以外に、普遍性と客観的妥当性をそなえた認識の体系はありえないということになります。したがって、それ以外のことについては、どれほど手間がかかっても地道に経験を積み、そこからなるべく蓋然性の高い認識を手に入れるしか道はないのです。

カント哲学の体系

こうしてカントは、理性そのものの自己批判によって、理性の純粋な――経験にいっさい頼らない――認識にも、それが有効に成り立つ場面――つまり幾何学・数論・理論物理学――と、もはやそれが有効に成り立たない場面――神学や形而上学――とがあることを明らかにしました。『純粋理性批判』という表題も、理性のおこなう純粋な認識の有効・無効の範囲を批判的に画定するという意味なのです。

カントのこうした考え方からすると、たとえば神を理論的認識の対象にし、それについていろいろ論じたり主張したりしてみても、それはすべて無意味《ナンセンス》だということになります。ハイネが、この表向き静かな生活を送ったただの大学教授が「神様の首を切りおとした」と言ったのも、こうした意味でなのです。

もっとも、カントの哲学はけっして『純粋理性批判』だけで終わったわけではありません。そこで採り上げられていたのは認識の場面だけであり、たしかにわれわれはそこでは認識主観としてその活動の場面を現象界に限られ、因果関係の網目に組みこまれていますが、道徳的な実践の主体としてはけっして現象界の因果関係に縛られているものではありません。もしこの関係に縛られているとすると、そこではすべてのものに必ずなんらかの原因があるので、道徳的責任を問うことができるような実践、つまり自由な意志にもとづく実践などありえないことになりましょう。ですから、道徳的実践の主体としてのわたしは、けっして現象界の一員ではなく物自体としての人格でなければなりません。そこでは、物自体（人格）としてのわたしが物自体（人格）としての他者に、その自由意志にもとづいて関わり合っているのです。カントの第二の主著『実践理性批判』は、そうした実践哲学を展開したものです。神の問題にしても、カントは『純粋理性批判』では神の存在を否定しているように見えますが、実はそうではなく、彼は神を理論的認識の対象として扱うことのおかしさを指摘しただけなのであり、彼に言わせれば、「信仰に席をあけるために、知を否定しなければならなかった」のです。つまり、信仰を純粋に信仰として生かすために、知識の及ぶ領域を限定しようとしたということなのでしょう。

カントはさらに第三の主著『判断力批判』で、デカルト以来の機械論的自然観からもこぼれ落ち、道徳的実践の場面とも区別される有機的自然の問題をここで採り上げ、それを数学や数学的自然科学の確実性や、道徳的実践の自由と矛盾しないようなかたちで位置づけようと試みているのです。

カント自身は、『実践理性批判』を中心に自分の哲学の体系を構想していたようですし、彼の直接の後継者たちも、そういった方向でカントの思想を受けとりましたが、今日のわれわれの眼から見ると、やはりカント哲学は、デカルトからヘーゲルにいたるヨーロッパの近代化の過程の決定的な段階として見るべきで、そうなると、問題になるのはどうしても『純粋理性批判』であろうと思われます。

近代哲学はなぜ文体が変化したか?

近代の哲学書の文体はカントのあたりで大きく変わります。それはなぜでしょうか。

近代哲学を担《にな》う哲学者の職業が変わるからです。カント以前の近代の哲学者に大学の先生はほとんどいませんでした。デカルト、マルブランシュ、スピノザ、ライプニッツといった十七世紀の大陸系の哲学者も、ルソー(一七一二―七八)やヴォルテールやディドロら十八世紀フランスの啓蒙《けいもう》の哲学者も、ロック、バークリ、ヒュームといったイギリスの哲学者も、みな在野の知識人だったり、政治家だったり、外交官だったり、せいぜい僧侶《そうりょ》でしたので、本を書くときも一般の知識人を読者に想定し、平明な文章で書くのが常でした。あまり特別な専門用語も使われませんでした。だんだんラテン語ではなく、それぞれの国語で書く人もふえてきました。

それは、当時大学のポストを占めていたいわゆる講壇哲学者がみな、中世以来のスコラ系の哲学者だったからです。それを否定して近代を開くことになる新しい哲学の担い手は、当然大学の先生にはなれませんでした。

ところが、カントの前後から近代哲学の担い手たちが大学にポストをもつことができるようになりました。カント哲学を承《う》け継ぎ展開していくフィヒテ（一七六二―一八一四）、シェリング（一七七五―一八五四）、ヘーゲルといった人たちはみな大学教授でした。彼らは、日ごろかなり高度の専門的知識をもった学生たちを相手にしているので、本を書くときもそうした学生を読者に想定します。当然文章も難しくなり、仲間うちでしか通用しない専門用語も多用されることになります。このあたりで哲学書の文体がはっきり変わってくるのです。

カントからヘーゲルへ

カントの哲学を継承展開したフィヒテ、シェリング、ヘーゲルらの哲学は通常「ドイツ観念論の哲学」と呼ばれ、ソクラテス、プラトン、アリストテレスによって展開されたギリシア古典時代の哲学に匹敵する哲学のもう一つの黄金時代と見られています。カントの『純粋理性批判』の刊行が一七八一年、ヘーゲルの歿年《ぼつねん》が一八三一年、ちょうど半世紀にわたって展開されたドイツ観念論の哲学に課された使命はなんだったのでしょうか。それは、カントのもとで神的理性の後見を退けた上で、形而上学《けいじじょうがく》的原理――カントの用語でなら「超越論的主観性」――としての自覚に達した人間理性、だが、それにもかかわらず厳しい自己批判によっておのれの有限性をも自覚した人間理性が、その限界を打ち破っていわば無条件な「絶対精神」に高まっていこうとするところにあった、と言ってよいと思います。

人間理性のそうした有限性は、カントのもとでは現象界と物自体界、理論理性と実践理性の二元的対立、つまり二元論となって現われていましたが、二元論というものは落着きが悪く、なんとか一元化しようとするものです。ドイツ観念論の哲学の展開のなかで、その一元化が目指されたのです。どうすれば、そうしたことが可能になるのでしょうか。時代がそれを助けたところがあるのですが、まずはヘーゲルがその思想を形成した道程を見てみましょう。

ヘーゲルとその時代

ヘーゲルは一七七〇年に南ドイツのシュトゥットガルトに生まれ、一七八八年にチュービンゲン大学に入学し、哲学と神学を学びますが、ここで詩人のヘルダーリン

（一七七〇―一八四三）や、二年後に入学してくるシェリングと親しくなり、神学寮の同じ部屋で暮します。折しも八九年にはフランス革命が起こり、次々に入ってくるその情報に、ドイツの進歩的知識人は一喜一憂していました。九三年の六月には、ヘーゲルら三人もチュービンゲン郊外に「自由の樹《き》」を植えて、そのまわりで一晩中踊り明かしたといいます。

もっとも、九四年のいわゆる「テルミドールの反動」でジャコバン・クラブが失墜し、ブルジョワジーが革命の主導権をにぎると彼らの熱狂も醒《さ》め、三人それぞれに反応に違いはありましたが、この革命に幻滅しはじめます。しかし、いずれにせよドイツ観念論の哲学は、隣国フランスのこの革命の進行に複雑に反応しながら展開されていくのです。

大学卒業後、三人の仲間は、当時の習慣に従って、それぞれ貴族や実業家の邸《やしき》の住みこみの家庭教師をしながら研究をつづけますが、最年少のシェリングがいちはやくフィヒテやゲーテ（一七四九―一八三二）によってその早熟の才能を認められ、九八年にはイェナ大学の助教授に就任し、当時イェナに集っていたドイツ・ロマン派の文学者たちと交流しながら、華麗な活躍をします。

ヘルダーリンはその間に烈《はげ》しい悲恋を経験し、内面の葛藤《かっとう》を通じて大詩人に成長しましたが、一八〇〇年には統合失調症を発病し、〇六年に症状が悪化して、以後チュービンゲンで狂気の闇《やみ》に包まれて生きることになりました。

一方ヘーゲルは、一八〇一年にシェリングの推輓《すいばん》でようやくイェナ大学の私講師の職を得、彼と共に哲学雑誌を発行したりしはじめますが、当初はかなりシェリングに遠慮していたようです。一八〇三年にシェリングがイェナを離れると、やっとヘーゲルも伸びのびと活動しはじめ、一八〇七年には第一の主著『精神現象学』を発表します。

前年、ドイツ解放を唱えて、革命軍を率いたナポレオン（一七六九—一八二一）がイェナに入城してきたとき、ヘーゲルはこの本の最終章を書き終えたところで、彼は友人に宛《あ》てた手紙のなかで、「皇帝——この世界精神——が馬上ゆたかに、市街を通り陣地の視察に出かけていくのをぼくは見た」と書いています。

おそらくそのあとで書いたにちがいないこの本の「序文」で、ヘーゲルがシェリング哲学に辛辣《しんらつ》な批判をくわえたため、二人は絶交することになり、その関係が回復されることはついにありませんでした。

フランス軍の侵入で大学が閉鎖されたのでヘーゲルはイェナを離れ、新聞の編集をしたり高等中学校《ギムナジウム》の校長をしたりしたあと、一八一六年にはハイデルベルク大学、一八年にはプロイセンによって新設されたベルリン大学に招かれ、数々の名講義をして、ドイツ中の大学に弟子を配置し、いわばドイツの哲学界に君臨することになります。三〇年にはベルリン大学総長にも就任するのですが、三一年十一月、コレラであっけなく他界してしまいます。

一方、ヘルダーリンは狂気のなかでではありますが四三年まで生き、シェリングはヘーゲルと絶交したあとヘーゲルの盛名の蔭《かげ》に埋もれたような感じでしたが、四一年にベルリン大学に招かれていわば返り咲き、五四年まで生きつづけました。運命は皮肉なもののようです。

ヘーゲルによるカント哲学の展開

それにしても、ヘーゲルはカント哲学をどんなふうに展開していったのでしょうか。カントは人間理性の有限性を強く主張しました。人間理性の支配が及ぶのはあくまで現象界の、それも形式的側面に限られ、物自体の世界にまでは及びませんし、むしろ現象界の材料は物自体に仰がねばならないのでした。しかし、もし主観のがわから発動される形式、たとえば悟性の枠組《カテゴリー》がもっと多ければ、それだけ物自体に由来する材料は少なくてすむことになります。もしそれが無限に増大すれば、もう物自体の存在を認める必要はないことになりましょう。

もともとカントが悟性の枠組《カテゴリー》、つまりわたしたちの思考の形式を、形式論理学の判断表から導き出し、十二に限ったことは評判がよくありませんでした。それに、こんなふうに初めから終わりまで十二と固定的に考えたことも不評でした。人間の精神の働きなのだから、もっと弾力的に考えられてもよいのではないか。たとえば、必要に応じて精神が新たな枠組《カテゴリー》を発動させていくとか、枠組《カテゴリー》そのものが一種の自己増殖をするとか、そんなふうに考えられてもよいのではないか。そうすれば、初めは精神に異質なものとして対立していたものも、次々に精神の形式として取りこまれる。そうなれば、もはや物自体として精神の前に立ちふさがり、それに限界を課してくるものもなくなり、人間精神が絶対的な意味で世界の創造者になりうるように思われます。

歴史的世界

たしかにそういったことは、個々の認識主観と自然界との関係については考えにくいことです。人間の理性が自然界をその材料をもふくめて全面的に創造するなんていうことは途方もないことだからです。

しかし、ドイツ観念論の展開のなかで、カント哲学にあった認識と実践、理論理性と実践理性の二元性が克服されていき、それも自由な実践理性寄りのかたちで一元化されていきましたので、枠組《カテゴリー》も単なる認識のための思考形式にとどまらず、認識をもふくめた主観の活動一般、つまり宗教的・倫理的・政治的・社会的・芸術的活動などの形式として考えられるようになっていきました。

一方、世界の方ももはや単なる自然界としてではなく、歴史的な世界として捉《とら》えられるようになります。というのも、フランス革命の基盤となったフランス啓蒙思想や、その強い影響を受けたドイツ啓蒙思想――カント哲学はその所産でした――が「光」として掲げた理性は、いわば無時間的、無歴史的なもの――つまり、古代のギリシア人にあっても、十八世紀のフランス人やドイツ人にあっても、まったく同じ理性――と考えられており、フランス革命軍はこれを旗印に、ドイツ人をも封建的圧政から解放してやるんだとドイツに侵入してきたのですが、ドイツ人の方では、ドイツ民族には中世以来固有の歴史のなかで培《つちか》われてきた民族的個性があるのだと言ってこれに抵抗しました。いわば世界を歴史的に見はじめていたからです。こうした世界の見方がドイツ・ロマン派の芸術運動の一つの動機にもなりました。シェリングやヘーゲルは、まさしくそうした運動のさなかで自分たちの思想を形成していったのです。

「理性（Vernunft《フェアヌンフト》）」という、ラテン語のratio《ラティオ》の訳語に使われてきた言葉に代えて、生粋のドイツ語である「精神（Geist《ガイスト》）」という言葉が愛用されるようになった背後にも、そうした動きがありました。

こうして、世界は歴史的世界として受けとられ、それに応じて主観の方ももはや個人的な認識主観としてではなく、歴史的世界を形成していく民族精神として、いや、さらには世界史を形成する人類の精神として捉えられることになります。

弁証法的に生成する精神とは

もっとも、ヘーゲルの考えではそれは、精神が一方的に世界におのれの枠組《カテゴリー》を押しつけていくということではなさそうです。精神が世界にその枠組《カテゴリー》をうまく押しつけることができるためには、精神もまた世界に自分を合わせ、それに従わなければなりません。精神と世界との関わりは相互的なものと考えられているのです。

ヘーゲルは、精神の世界へのこの関わり合いを、カント以来の「実践」という概念によってではなく、彼が家庭教師時代に勉強したイギリスの古典経済学、特にアダム・スミス（一七二三―九〇）から学んだ「労働」という概念によって捉えています。労働は、労働の主体がその対象に一方的に働きかけ、おのれの形式を押しつけることによって達成されるものではなく、それと同時に労働の主体もまたその対象によって働きかけられ、それを通じて自己を変え、形成し実現していくものです。

ヘーゲルにあっても、精神は、当初自分に異質な力として対立している世界に自分の枠組《カテゴリー》を押しつけ、それを自分の分身に変えていくが、それと同時に自分も世界によって働きかけられ、その対話を通じて生成していくのだと考えられました。その働きかけると同時に働きかけられる相互関係を捉えるのに「労働」という概念が適切だと思われたのでしょう。イギリス古典経済学者たちが目にしていたような資本制的生産様式のもとでの労働者の労働は、後進国ドイツのヘーゲルの周辺にはまだ見当たらず、ヘーゲルはこれを社会哲学的概念としてしか理解できなかったようです。

絶対精神

こうして精神は、労働を通じて弁証法的に（＝対話を通じて）成長していくのですが、その際、異質な力として自分に立ち向かってくる世界に働きかけ、それを自分の分身に変えていき、自由を獲得していくのです。ヘーゲルは世界史を、人間にとっての自由の拡大の道程として捉えていました。

このようにして、精神がその労働によって世界の諸力諸領域を次々に自分の分身に変え、もはや精神に立ち向かってくるような異質な力がなに一つなくなったとき、精神は絶対の自由を獲得し、いわば「絶対精神」として顕現することになるのです。それは、精神にとって苦難の前史の終わりをも意味します。

ヘーゲルは実は、自分がそうした歴史の最終段階に立ち合っているのであり、自分の哲学こそ、人類の精神がその苦難の歴史をふりかえって、ついに絶対精神になる場なのだという、途方もないことを考えていました。

ヘーゲルがそんなふうに思うのには、それなりの理由がありました。それはフランス革命です。一七八九年にフランス革命が起こったあと、チュービンゲン大学の学生だったヘーゲルは、学友のシェリングやヘルダーリンとともに一喜一憂しながらその成りゆきを見守っていました。これは、彼らにかぎらず当時のドイツの進歩的知識人に共通の態度で、彼らは当のフランス人以上に大きな期待をこの革命に懸けていたのです。彼らにとって「自由・平等・友愛」というこの革命の旗印は、人類の長い圧制の歴史が終わって、自由と平等を謳歌《おうか》していた（と彼らが思った）古代ギリシアの理想郷がここにふたたび実現されるということを示しているように思われたのです。

もっとも、革命の進行とともに、やがてロベスピエールが主導するジャコバン・クラブが恐怖政治を布《し》き、結局は九四年のいわゆる「テルミドールの反動」でこの一派がたき落とされ、ブルジョワジーが革命の主導権をにぎるようになると、彼らの革命に対する評価も大きく変わっていきます。ヘーゲルも例外ではなかったのですが、もともとジャコバン・クラブの恐怖政治に共感できなかったヘーゲルは、テルミドールの反動にも、シェリングやヘルダーリンほど深い失望を味わわず、ナポレオンの出現に通じる革命の展開に比較的すなおについていけました。前にふれたように、ナポレオン皇帝に「世界精神」を見たくらいです。

ヘーゲルには、人間精神が社会を理性の命ずるところにのみ従ってみずから形成していこうとするフランス革命は、まさしく歴史――人類の精神が絶対精神へと生成してきた苦難の前史――の最終幕を意味し、たまたまそこに立ち合った自分の哲学が絶対精神顕現の場になりうると思われたのでしょう。彼自身、自分こそフランス革命の思想的代弁者だと考えていました。彼は、ナポレオンのイェナ入城の前夜に完成した『精神現象学』を、人間精神が絶対者にまで生成するこの苦難の歴史の回想の場と考え、ここにおいて絶対精神が顕現してくると思っていたようです。しばしばゲーテの人格形成小説《ビルドウングスロマン》『ヴィルヘルム・マイスター』と比べられるヘーゲルのこの最初の大作は、哲学史上にも類を見ない壮大な魂の遍歴の物語なのです。

超自然的思考様式の完成

こうして、人間理性はカント哲学によって、自然の科学的認識と技術的支配の可能性を約束されましたが、今度はヘーゲル哲学によって、社会の合理的形成の可能性を保証され、自然的および社会的世界に対する超越論的主観としての位置を手に入れたことになります。しかも、もはやカントにおいてのように、現象界という限られた領域に関してだけではなく、みずから弁証法的に生成していくことによって世界の全体に対してそうした位置に立つことができるようになったのです。

ヘーゲルは晩年におこなった『法哲学講義』の序文のなかで、「理性的なものは現実的であり、現実的なものは理性的である」というテーゼを掲げていますが、これは、理性の認識しうるものだけが現実に存在する権利をもち、したがって現実に存在するすべてのものは理性的に認識可能であり、合理的に改造されうるという意味であり、まさしく近代ヨーロッパの文化形成を導いてきた理性主義の最終的完成を告げる凱歌《がいか》だと見ることができそうです。

ところで、前にも述べたように、近代理性主義はプラトン以来の超自然的思考様式の近代的更新——つまり、人間理性を超自然的原理の座に据えてこの思考様式を再編成しようとするもの――と見ることができそうですから、ヘーゲルによる近代哲学の完成はこの超自然的思考様式の完成をも意味することになります。

二十世紀ドイツの哲学者ハイデガー（一八八九―一九七六）は、こうして超自然的思考様式――伝統的用語で言うなら形而上学《けいじじょうがく》――はヘーゲルのもとで理論《テオリー》として完成され、以後は技術として猛威をふるうことになると言っています。これも、次のような事態を考えれば、理解できないことではありません。

つまり、ヘーゲルが歿《ぼっ》した一八三〇年代になると、イギリスにはじまった産業革命の波がヨーロッパ一円を覆《おお》い、工業化、都市化が推し進められ、いわゆる技術文明が成立しはじめます。こうした技術文明が近代自然科学を基礎にして生まれ、そしてこの科学が物質的、機械論的な自然観を基礎にして成立しえたものであることも、言うまでもありません。そして、自然を死せる物質と見るこうした自然観が超自然的（形而上学的）思考様式と連動して成立したということも、繰りかえし述べたとおりです。こんなふうに考えれば、「形而上学が技術として猛威をふるう」という一見奇妙なハイデガーの主張も理解できないではありません。

フランス革命が世界史の最終幕だというのはヘーゲルの思いちがいだったのでしょうが、自分が歴史の大きな転換点に立っているというヘーゲルの自覚そのものは、それほど誤ったものではなかったのです。

甦《よみが》える生きた「自然」の概念

こうして晩年のヘーゲルが、理性の目指すものは現実化されうるし、現実はなんとか合理的に理解し改造しうると、理性の全能を謳歌していたころ、その背後ではすでに、そうした理性を原理にして形成され、いまや巨大な技術文明に変身しようとしていた近代ヨーロッパ文化への反省がはじまっていました。

ヘーゲルの歿後、その反省は当面ヘーゲル哲学批判というかたちではじまります。事実、フランス革命後の歴史の進行を見ても、期待されたような「自由」と「平等」にもとづく階級なき理想社会が実現されるどころか、この革命によって、以前にも増して大きな社会的不平等が生み出され、人間を非人間化していく資本制的経済体制の担《にな》い手であるブルジョワジーが政治的主導権を奪取することになったことは明らかです。ヘーゲルのように歴史の理性的な進行を楽観的に信ずることなど、とてもできなくなりました。

殊《こと》にウィーン会議（一八一四―一五）のあとメッテルニッヒの主導で復活された旧制度《アンシャン・レジーム》のもとで、ドイツの近代化をもとめる若い世代――マルクス（一八一八―

八三）やエンゲルス（一八二〇―九五）より少し上の世代――は、繰りかえし反体制運動を起こしてははじきかえされ、現実が理性的でなどないことをいやというほど実感していました。

そうした批判のなかに、単なるヘーゲル哲学批判だけに終わらず、同時に近代理性主義の総体に対する批判にもなるような本格的なものがいくつかありました。「意欲こそが根源的存在である」と主張する後期のシェリングや、自分の立場を「貫徹された自然主義すなわち人間主義」と呼んだ、『経済学・哲学手稿』（一八四四）の時代の若きマルクスの思想がそうでした。そして、不思議なことに彼らが理性主義批判の拠点に据えたのが、共に生きた根源的自然の概念だったのです。

そうした根源的自然の概念を拠《よ》りどころに、近代批判を、いやそれどころか西洋という文化形成の総体の批判をもっとも壮大に企てたのはニーチェです。彼はヘーゲルには直接食いついてはいませんが、ヘーゲルを最大の論敵にしていたショーペンハウアー（一七八八―一八六〇）の強い影響を受けていますから、間接的にヘーゲル哲学への批判者でもあったと見てよさそうです。ここでは、以下このニーチェに話を限って、考えていってみたいと思います。

第五章　「反哲学」の誕生

ニーチェ以前と以後

わたしはここまで、いわゆる「哲学」について、ある一つの視点からかいつまんで紹介をしてきました。まず、「超自然的《メタ・フュシス》原理」（伝統的な用語でなら「形而上学的《メタフュジカル》原理」）を立て、それを媒介にして自然を見、自然と関わるような思考様式（つまり「形而上学《メタフュシカ》」）、これこそが「哲学」と呼ばれてきた知の本質であるということ、その「哲学」の原点になる「超自然的原理」が、徹底して自然のなかでものを考えるわれわれ日本人にとっては理解不可能なものであること、こういったところから、「哲学」はわれわれ日本人にとって縁遠いものだったのだと思います。

しかし、西洋でもニーチェという思想家が登場してきたところで様相が一変します。わたしは、ニーチェ以前と以後を、同じ哲学史に一線に並べるのは、おかしいと思っています。ニーチェの目指したことは、これまで哲学と呼ばれてきたものをすべて批判して乗り越えようということです。その仕事を同じ「哲学」という名前で呼ぶと、ひどく紛らわしいことになります。

同じような発想をした人に、マルクスがいます。マルクスは、〝自分の仕事は経済学ではなく、経済学批判だ〟と言います。経済学を生み出したのは、「生産と交換のブルジョワ的様式」つまり資本制的な経済構造です。ですから、経済学を批判することによって、それを生み出した経済構造を相対化することができ、それを乗り越える視点が獲得できると考えた。むろんマルクスの頭にあったのはイギリスの古典経済学ですが。エンゲルスがそんなふうに解説しています。

ニーチェが企てたのも、マルクスと同じような意味での「哲学批判」なのです。哲学を批判することによって、それと一体となって展開されてきた西洋の文化形成を相対化し、批判する。もっとも、彼は「哲学批判」とは言いません。われわれが「哲学」というところを、彼はプラトニズムと言います。しかし、彼がやろうとしているのはプラトン以降の哲学全般の批判であり、これまでの哲学を継承していくつもりのなかったことは間違いありません。

彼の主張を一言にまとめれば、「プラトニズムの逆転」ということになります。プラトン以降のいわゆる西洋哲学・道徳・宗教はすべてプラトニズムであり、それをいかに克服するかが彼の課題だったのです。つまり、アンチプラトニズム。「プラトニズム＝哲学」と考えれば、ここに「アンチフィロソフィ＝反哲学」という概念が誕生したことになります。

ですから、ニーチェ以前と以後を、一本の線上に並べて連続的に考えようとすれば、なにがなんだかわからなくなるのは、むしろ当然なのです。そして、ニーチェ以後の二十世紀の哲学は、望むと望むまいと、「反哲学」という視点を無視することができなくなりました。

マッハとニーチェ

もっとも、ニーチェだけがひとりで西洋の文化形成、殊《こと》に近代ヨーロッパ文化への「反《アンチ》」の立場に立ったわけではありません。同じころに、たとえば物理学の領域でも、エルンスト・マッハ（一八三八―一九一六）が、ニュートンの登場以来体系化され、十九世紀半ばにヘルムホルツ（一八二一―九四）によって誰でもが利用できるようにマニュアル化された古典力学を批判して乗り越えようとする動きをしています。このマッハとニーチェの考え方は、とても似ているのです。

どのような点が似ているのでしょうか。ひどく表面的に見れば、二人ともダーウィニズムから決定的な影響を受けた、というところだと言えそうです。特にマッハは、ドイツ語圏に初めてダーウィン（一八〇九―八二）の進化論を紹介したヘッケル（一八三四―一九一九）と親交を結んでいた時期があり、かなり早くから進化論を自分の方法的な仮説として採用していました。

ダーウィニズムといっても、自然淘汰《とうた》説や環境決定論のような、ダーウィンの進化論を支えている仮説はあまり問題になりません。特にニーチェは、その二つの仮説についてははっきりとアンチ・ダーウィンの立場をとっています。ただ、生命が環境へ適応するために進化するのならば、人間の認識も環境へ適応するための生物学的機能にすぎません。そうなれば、すべての認識は相対的で、絶対的な真理やそれをとらえる知識や認識などというものはありえないという考え方になります。ニュートン物理学が前提としている絶対時間と絶対空間、そしてその内部での質点の運動といった考え方は認められないことになります。

一八八〇年代にヘッケルが紹介したダーウィニズムは、彼の手によってかなり歪《ゆが》められたものでした。たとえば、「個体発生は系統発生を繰りかえす」といった、進化は環境への適応によって起こるのではなく、一つひとつの生物体の上で繰りかえし起こるという自分の仮説を持ちこんで紹介したりしています。『ゲーテ、ラマルク、ダーウィンの自然観』（一八八二）というその書名からも推測できるように、ヘッケルの紹介したダーウィニズムは、ゲーテの自然哲学や、獲得形質の遺伝を認めるラマルク（一七四四—一八二九）の進化論にかなり引き寄せられたものでした。

とはいえ、ヘッケルの紹介した進化論はドイツにおいて、哲学における「超自然的原理」、物理学における「絶対時空間」といった基本的な前提を、ありえない仮説として却《しりぞ》ける大きなきっかけにはなりました。実際、ホフマンスタール（一八七四—一九二九）やロベルト・ムジール（一八八〇—一九四二）などの世紀末ウィーンの若い詩人たちは、マッハとニーチェを当時の最先端の現代思想《モデルネ》として結びつけて見ていました。一方は物理学者で一方は古典文献学者。領域はまったく違うのですが、その相対主義的な物の考え方が似ていると、同時代の詩人たちの眼には見えたのでしょう。現在から振りかえって見ても、この詩人たちの直観は正しかったと思われます。

世紀末ヨーロッパの諸相

ニュートン力学が、誰でも手軽に使えるようなかたちでマニュアル化されて普及したのは意外に後になってからのことで、十九世紀も半ばになってからです。それ以前は、知識人はともかく、普通に生活している民衆には、世界に神の摂理のほかの因果関係があるということを学ぶ機会はあまりありませんでした。

十九世紀半ばになると、ニュートン力学を中軸とする科学的な自然観や世界観が普及し、空間はすべて等質的な点の集合である、とか、宇宙はすべて統一的な等質的時間に支配されている、というような時間観念や世界観が一般市民のあいだにも広がってきます。

折しも一八五一年にはロンドンで第一回万国博覧会が開催されて、鉄骨とガラスだけでつくられた広大な水晶宮《クリスタル・パレス》を舞台に産業革命の粋を集めた技術の成果が展示され、観衆を圧倒します。これが自然科学的世界観の普及をうながしたことは言うまでもありません。

ドストエフスキー（一八二一―八一）などは、万博会場となった水晶宮の噂《うわさ》を聞き、そこに科学と技術がすべてを決定する未来社会の姿を見て、危機感をいだきます。『地下生活者の手記』（中村融訳、角川文庫）の、「不可能とは――つまり石の壁のことである。石の壁だって？　そうさ、もちろん、自然の法則、自然科学の結論、数学といったたぐいのもののことである。／実はもともと人間に意志だとか気まぐれとかいうものはなく、今までにもかつてあったためしがないのだから、そうなれば人間自体はピアノの鍵盤《けんばん》やオルガンの釘《くぎ》みたいなものにすぎなくなってしまう」という一節は、当時の気分を端的に表したものでしょう。

芸術は暗い物陰で長い発酵の期間を終えて初めて花開くようなものだとするならば、

科学に照らし出されてすべてが素通しになり、そうした物陰がまったくなくなってしまった明るい世界には、新しい芸術作品などの芽生えてくる余地がない。こうした予感は、ボードレール（一八二一―六七）の『悪の華』など、いわゆる世紀末芸術に共通する認識でした。真昼の太陽がすべてのものを照らし出すような明るい技術社会、技術文明が花開くだろうけれども、それは芸術にとっては大変な危機です。ニーチェも同じ危機感を共有していました。

当時、電灯はまだ普及していませんでしたが、ガス灯は普及してきて、日常生活のなかでも真の暗闇《くらやみ》が次第に失われていく時代でした。等質的な今の継起という物理学的時間概念に反撥《はんぱつ》して、作家たちによって異常な時間体験がしきりに語られるようになるのも、このころです。ヘルムホルツ一派などは、生命をはじめとするすべての自然現象を、物理、化学の力によって解明してみせる、という力学万能の立場を主張していました。

ニーチェとマッハは、このような科学的な世界観への危機感から出発し、その思想を形成した人たちです。これは、十九世紀末の芸術家たちが感じ表現した危機感と、共通するものでした。

ニーチェは「実存主義者」ではない

ニーチェという人は、高等学校の倫理の教科書などでは、「実存主義」の哲学というジャンルに分類されているのではないでしょうか。キルケゴールなどとお仲間で、カントやヘーゲルのような厳密な哲学者とは違って、あまり哲学の伝統にはこだわらず、自分自身との対話のなかで物を考えた人。これが大雑把な実存主義の定義みたいなものでしょう。ハイデガーやヤスパース(一八八三—一九六九)も、教科書にはそうした実存主義者として名前が出てきます。

これはまったくの誤解です。ニーチェは古典文献学者としてその学問的経歴をはじめた人で、大学を卒業するやいなやスイスのバーゼルの大学に二十四歳という異例の若さで助教授に招聘《しょうへい》された秀才でした。古典文献学《フィロロギー》というのは、ギリシア・ローマの古典を、主として言語学的立場から研究する学問です。ギリシア・ローマの古典を原典で読むことが哲学研究のもっとも基本的な修業だとするならば、ニーチェはもっとも正統的な教育を受けた人であり、西洋哲学の伝統と真正面から取り組んだ人だということになるでしょう。

日本ではニーチェは、あの『ツァラトゥストラかく語りき』の独特な思想詩的文体や、中期の著作のアフォリズム集的な構成のために、文学的で、抽象的思索や体系的思索を嫌った「詩人哲学者」と見られてきました。しかし、これも誤解で、彼は古代ギリシア以来の西洋哲学の伝統と十分に成熟した関係を結んでおり、その上でこの伝統と対決しようとしているのです。それに、彼はいわゆる「抽象的思索」もけっして嫌ってはいません。健康状態の良いときは、自分にとって抽象的思索は祝祭であり陶酔であると言っています。たしかに彼は、自分のことを「詩人哲学者《ディヒター・フィロゾーフ》」と呼ぶことがありますが、それも、普通考えられているような意味ではなさそうです。

『悲劇の誕生』とショーペンハウアー

ニーチェの最初の研究テーマは、ギリシア悲劇の成立史でした。バーゼル時代に公刊した『悲劇の誕生』（一八七二）がその成果ですが、そこで彼は「ディオニュソス的なもの」と「アポロン的なもの」という二つの原理を立て、それらがみごとに結びついたときに「悲劇」という芸術様式が成立したことを説き明かしました。

しかし、この二つの概念は明らかにショーペンハウアーの『意志と表象としての世界』（一八一九）の影響下に生まれたもので、「ディオニュソス的なもの」はショーペンハウアーの「意志としての世界」の、「アポロン的なもの」は「表象としての世界」

のとらえなおしです。

ところで、ショーペンハウアーのこの本は、実はカント哲学を、ドイツ観念論の哲学者たちとは違った方向で解釈しようとしたもので、「意志としての世界」はカントの「物自体の世界」の、「表象としての世界」はカントの「現象界」のとらえなおしだったのです。

そして、さらにカントは、現象界の因果関係に拘束されず物自体の世界で自由に生きようとする「意志」と、その現象界を形成する「表象」という理性の二つの能力を、ライプニッツが「単子《モナド》」の二つの根本特性と見た「意欲《アペティトゥス》」と「表象《ペルツェプティオ》」から承《う》け継いでいるのです。

ドイツ形而上学《けいじじょうがく》の系譜

つまり、ライプニッツ—カント—ショーペンハウアー—ニーチェとつらなる思想の系譜があり、しかもここでは「意欲・意志」の方が、「表象・認識」の能力よりも根源的なものだと見られています。ハイデガーはこの思想の系譜を「ドイツ形而上学」の系譜と呼び、一見この系譜とは無縁に見えるシェリングやヘーゲルらドイツ観念論の哲学者も、ある意味で意志を重視しているので、ここに数え入れることができると考えていたようです。たとえばシェリングは、『人間的自由の本質』（一八〇九）で「究極最高の法廷においては、意欲《ウォレン》以外にいかなる存在もない。意欲《ウォレン》こそが根源的存在《ウアザイン》なのだ」と言っていますし、ヘーゲルも『精神現象学』で、存在の本質は知であり、その知は根源的には意欲と同じものだとみなしているからです。

もっとも、「意志」と言うと、われわれはなにかを決意するときに働くようなかなり高級な能力を思い浮かべますが、ドイツ語の「意志《ウイレ》」「意欲《ウォレン》」はむしろ「生命衝動」とでも言った方がいいようなものなのです。つまり、弱肉強食の世界でただ生きようとする、どこにいくのかまったく分からない無方向な生命衝動のようなものが考えられているのです。そうしたものの方が表象したり認識したりする知的能力よりも根源的だと見る伝統がドイツ思想にはあるということなのでしょう。ニーチェも明らかにそうした伝統のなかでものを考えはじめたのです。

悲劇の成立

当時ヨーロッパでは、古代ギリシア文化はひたすら晴朗《ハイテル》なもの、アポロンに代表されるオリュンポスの神々や、青い空を背景にくっきりと白く浮かび上がる神殿や彫刻に象徴されるような明るく晴れやかなものと考えられていました。ところがニーチェは、そうした明るいアポロン的な精神の根底に、実は暗く厭世《ペシミスティック》的なディオニュソス的な情念がひそんでいるのだと主張したのです。

たしかに古代ギリシアには、オリュンポスの神々を祭る表向きの男の宗教のほかに、深夜女たちが森に集って火を焚《た》き、すっぱだかになって酒を呑《の》んで陶酔し、生きた獣の肉を引き裂いて、血だらけになってくらいつき、髪をふり乱して駆けまわる秘密の宗教、ディオニュソス（ローマに入ってバッカスと呼ばれることになる）の神を祭る密儀がありました。その祭で山羊《やぎ》の皮をかぶった合唱隊《コロス》が歌う暗い厭世《えんせい》的な歌、つまり「山羊《トラゴス》の歌《オーデー》」、ディテュランボス（酒神礼讃《らいさん》）の歌が「悲劇《トラゴーディア》」の起源であり、ギリシア人はその暗い厭世観《ペシミズム》に耐えて生きるために、このディオニュソスの夢に現われる美しい仮象の神々、つまりアポロンに代表されるオリュンポスの神々を創造し、その演技や台詞《せりふ》を悲劇にくわえたのだと、ニーチェは考えたのです。

彼の考えでは、ギリシアの密儀やそれにともなう音楽に象徴される「ディオニュソス的なもの」と、オリュンポスの神々や造型芸術に象徴される「アポロン的なもの」、この二つの原理がみごとな均衡をたもって結びついたとき、ギリシアのアッチカ悲劇は、そしてギリシア文化は最高の完成に達したのです。

こうした古代ギリシア文化観は、けっしてニーチェひとりのものではなく、当時彼のいたバーゼル大学のはるか年長の同僚、古代ギリシア史家のブルクハルトや母権制理論を創唱した法制史家のバッハオーフェン（一八一五―八七）らも共有し、ニーチェも彼らから強い影響を受けたのですが、一般に同時代のヨーロッパの史学界や古典文献学界では非常識だと見られ、半年後には、次代の古典文献学界の指導者になるヴィラモーヴィッツ＝メーレンドルフ（一八四八―一九三一）が、学界を代表するようなかたちで痛烈な批判をあびせました。そのためニーチェは、いわば学界を追放されたようなことになり、一八七九年にはバーゼル大学も退職し、以後は在野の哲学者として年金で生きることになり、著書もすべて自費出版せざるをえなくなります。

生きた自然の概念

話は遡《さかのぼ》りますが、バーゼル大学在職中にニーチェは、『悲劇の誕生』の研究と並行して、やはりこの悲劇の成立期に活躍していたいわゆる「ソクラテス以前の思想家たち」（ニーチェは「プラトン以前」と言っていますが）についても研究していました。彼はその成果を、『ギリシア人の悲劇時代の哲学』という未完の草稿に書き遺《のこ》してもいます。

これまでも幾度か述べたことですが、アナクシマンドロスやヘラクレイトス、パルメニデスといったこの時代の思想家たちは、みな一様に『自然《フュシス》について』という同じ題で、少なくとも一冊は本を書いたという伝承があります。そこからも、彼らの思索の主題が「自然《フュシス》」にあったことはうかがえます。

この時代のギリシア人にとって「自然《フュシス》」とは、「自然と文化」とか「自然と社会」といった対《つい》概念のなかで考えられているような存在するものの全体のなかのある特定領域を指すのではなく、存在するもののすべて、つまり万《タ・》物《パンタ》と同義であり、そうした存在するもの全体の「本性」「真のあり方」を指しているようです。つまり、この時代のギリシアの思想家たちは、ありとしあらゆるものの真のあり方はどういうものかを示そうとして、『自然《フュシス》について』という表題で本を書いたということのようです。

そして、彼らがその存在するもの全体の真のあり方である「自然《フュシス》」をどんなふうに考えたかも、この言葉そのものから推測できます。「自然《フュシス》」という名詞は、「芽生える・花開く・生成する」という意味の動詞「フュエスタイ」から派生したものですから、彼らは万《タ・》物《パンタ》の存在を、生きて生成することだと見ていたようです。こうしたことも、前に述べたことがあります。

どうやらニーチェは、この「自然《フュシス》」の概念と、いわゆる「ディオニュソス的なもの」という概念を重ね合わせて考えようとしていたようですが、「ディオニュソス的なもの」ということで考えられているのは、先ほどもふれたように、どこへいくのかまったく分からない無方向な生命衝動のようなものですから、「ソクラテス以前の思想家たち」の念頭にあった「自然《フュシス》」とはうまくつながらないところがあります。それらをどう調停するかがニーチェの課題でした。

新しい生《レーベン》の概念

「ディオニュソス的なもの」という概念でとらえられていた「生」がそれにふさわしくとらえなおされるには、もう少し時間が必要でした。前にも少しふれたように、一八八〇年代に入るとニーチェは、ダーウィニズムから刺戟《しげき》——影響ではなく——を受け、「生」の概念を考えなおします。それは、もはや「アポロン的なもの」と対立するようなまったく無方向な生命衝動ではなく、そうした「アポロン的なもの」をも一つの契機として自分自身のうちにふくみこみ、「現にあるよりもより強くより大きくなろうとする」、はっきり方向をもったいわば「計算高い」ものと考えられるようになります。

「アポロン的なもの」、つまり知性をも自分自身の一つの契機としてふくみこんだ「ディオニュソス的なもの」というこの新しい「生《レーベン》」の概念は、古い時代のギリシア人の言う「自然《フュシス》」の概念とも齟齬《そご》しませんが、これをニーチェは「力への意志《ウィレ・ツア・マハト》」と呼び、最後期の思想の中心に据えます。

彼の考えでは、力も意志も生《レーベン》の一つの発現形態ですが、力は絶えずより大きな力たらんとしてはじめて力でありえますし、意志も同じです。政治権力を例にして考えれば明らかですが、力が現状に甘んじてしまえば、それは無力化のはじまりです。意志にしても、つねにより強くより大きくなろうと意志するもので、より弱くなろう、より小さくなろうとする意志などありえません。そうした力の本質は「力への力」と言ってはじめてとらえることができますし、意志にしても「意志への意志」と言わなければ、そのダイナミックな本質はとらええないように思われます。ニーチェはそうした「生《レーベン》」の本質的構造を「力への意志」という妙な概念でとらえようとしたのだと思われます。

主著の構想

ショーペンハウアーの影響を強く受けたニーチェは、そこから脱《ぬ》け出すのにずいぶん時間がかかり、一八八〇年代に入ってからやっと「一個の自立せる思想家」としての自覚に達することができました。そこで、一八八三年から八五年までかかって、

『ツァラトゥストラかく語りき』という四部からなる大思想詩を書き上げ、いわば自分の「哲学的主著」のための「玄関口」を築き、いよいよ八五年からその主著の「主屋」の建築にとりかかります。

一八八四年四月七日付の友人オーヴァベック宛《あて》の手紙にニーチェはこんなふうに書いています。「……私のツァラトゥストラによって私の《哲学》のための玄関口を建てたので、いよいよこの《哲学》の竣功《しゅんこう》につぎの五年間を費す決心がついた。」その表題やプランは幾度も変更されますが、一八八六年九月二日付の母と妹宛の手紙ではこう言われています。「今後四年のうちということで、四巻から成る主著の完成が予告されています。その表題だけでも人を怖《おそ》れさすに足るもので『力への意志――すべての価値の転倒の試み』というものです。」

一八八七年三月十七日には完成度の高い全体的プランが描かれ、そのプランに従って相当量の原稿も書かれましたが、一八八八年に入ってからは、なにかにせきたてられるようにしてその執筆を中断し、小さなパンフレットをいくつも書きはじめます。結局は一八八九年一月三日に、当時滞在していたイタリアのトリノの街中で精神錯乱に陥り、その正常な精神活動は中止されてしまいます。学生時代に感染した梅毒が原因で起こった進行性麻痺《まひ》によるものと思われます。

友人のオーヴァベックが迎えにいってバーゼルに連れ帰り、そこからは母親が付き添ってイェナに移り、大学の附属病院に入院しました。だが、やがて母親に引きとられてナウムブルクで、一八九七年の母の歿後《ぼつご》は妹のエリーザベトと共にワイマールに移って療養生活を送り、一九〇〇年八月にその地で歿しました。

歿後、妹が中心になって晩年の遺稿を整理し、『力への意志』という遺稿集が造られましたが、反ユダヤ主義者だった夫の影響を強く受けたエリーザベトの編集方針に疑問がもたれ、今日ではこの遺稿集は問題にされなくなりました。しかし、それとは別にニーチェのこの最後期の思想はある程度再構成可能だし、それを試みる必要もありそうです。ハイデガーも一九三〇年代の後半に一連のニーチェ講義をおこない、その再構成を試みています。彼はその一連の講義を生前みずから校訂して二巻本の『ニーチェ』（細谷貞雄監訳、平凡社ライブラリー）として刊行しています。

その最後期の「力への意志」の哲学でニーチェは、西洋文化の形成を導いてきたプラトン以来の西洋哲学の伝統、つまりプラトニズムを根底から批判しようとしています。つまり、この章で最初にふれた「哲学批判」ないし「反哲学」を全面的に展開しようとしているのです。それを手短かに見てみたいと思います。

この「主著」の構想は、一八八四年ごろから幾度も組み替えられ練りなおされて、そのつど表題も変わるのですが、八六年の秋ごろから「力への意志」に決められ、先ほど述べたように八七年三月十七日にもっとも成熟した構想が立てられています。

力への意志の哲学

力への意志
――すべての価値の転倒の試み――
第一巻　ヨーロッパのニヒリズム
第二巻　最高価値の批判
第三巻　新たな価値定立の原理
第四巻　訓育と育成

この構図のもとにニーチェはどのような思想を展開しようとしているのでしょうか。

ニーチェの最大の関心事は、彼が生きていた十九世紀後半のヨーロッパの不毛な精神的状況をいかに克服するかにありました。先にふれたような時代状況、ボードレールが、ドストエフスキーが絶望的な思いで見ていたあの時代状況に、ニーチェはそれこそ「虚無主義」と訳すにふさわしいようなニヒリズム――「心理的状態としてのニヒリズム」――という診断をくだしています。現代は、すべてのものが無意味無価値に見える虚無主義的な心理状態に陥っていると診断するのです。

ニーチェはこうした精神的状況を克服するには、まずその病因を確かめる必要があると考えるのですが、彼の見るところその病因は、これまでヨーロッパの文化形成を導き、いわば世界の諸事物に意味や価値を与えてきた最高の諸価値――彼の言葉では「超感性的な」、わたしたちのこれまでの言葉づかいでなら「超自然的（形而上学的《けいじじょうがく》）な」諸価値――がその力を失ってしまったところにあります。

彼はその事態を「神は死せり」という言い方で言い表わそうとします。このばあい、神とはなによりもまずキリスト教の神にちがいありませんが、同時にそれは真善美のイデアをはじめとする超感性的な最高諸価値の象徴でもあるのです。この感性的な世界とそこに存在する諸事物は、これまでそうした最高諸価値によって価値や意味を与えられてきたのに、その最高諸価値がその力を失ったために、この世界や事物が無価値無意味に見えるようになった、こうして「心理的状態としてのニヒリズム」に陥ったというのです。

ヨーロッパのニヒリズム

では、なぜ神は死んだのか、超感性的な最高の諸価値が感性的世界に価値や意味を与えるその力を失ったのか。ニーチェはこう考えます。「……これらすべての価値は、心理学的に検算してみるなら、人間の支配機構の確保と高揚のための有効性という特定の遠近法的展望《パースペクティヴ》から生じた結果であり、それが誤って事物の本質のうちに投影されたにすぎない。……」

つまり、プラトンの言うイデアの世界のようにこれまで最高の諸価値とみなされていたものは、超感性的、超自然的なものとしてどこかに実在しているようなものではなく、実は人間の支配機構、つまり生《レーベン》を確保し高揚させていくのにどれだけ役立つかを見きわめる目安として人間の手で設定されたものでしかないのに、それが誤って事物のうちに投影され、超感性的存在と思いこまれたのです。言ってみれば、そんなものはもともと存在していないのに、そうしたありもしない超感性的価値をあると信じ、それによって逆に感性的な生を抑圧しながら、ありもしないそうした価値を目指して営々と文化形成の努力をつづけてきたのですが、いくら努力してもそうしたありもしない目標に到達できない徒労に気づいたとき、空《むな》しい虚無的な「心理的状態」に陥った、ということのようです。

となると、ニヒリズムということなら、それは、もともとありもしない超感性的価値をあたかもそれこそが真の存在であるかのように外に投影し設定したときからはじまったと見るべきでしょう。ニーチェは、感性的世界、つまりこの自然を超えたところにそうした超感性的・超自然的価値を設定した元凶はプラトンだと見ています。そして、彼に言わせると、プラトン以後のヨーロッパの哲学と宗教と道徳は、総力を挙げてこのありもしない超感性的価値の維持につとめてきたのであり、その意味ではそれらはことごとくプラトニズムなのです（「キリスト教は民衆のためのプラトニズムである」『善悪の彼岸』序文）。

つまり、ニヒリズムはプラトン以来すでにはじまっていたことになります。ニヒリズムとは単に虚無的な心理状態を指すだけではなく、ありもしない超感性的価値を設定し、それを目指しておこなわれてきたヨーロッパの文化形成の全体を規定してきた歴史的運動の呼び名と解すべきだというのがニーチェの主張です。

しかも、この運動はヨーロッパの歴史の過去と現在を規定しているだけではありません。ニーチェは現在のこの心理的状態としてのニヒリズムを克服するには、このニヒリズムを徹底する以外に途《みち》はないと考えます。つまり、超感性的な最高価値が力を失ってこの世界が無価値無意味になったことを消極的に嘆き悲しむだけではなく、そんな超感性的価値などもともとなかったのだということを積極的に認め、そうした最高価値を積極的に否定する以外に、つまりニヒリズムを徹底していく以外に途はないのです。そうだとすると、ニヒリズムという歴史的運動は、ヨーロッパという文化圏の未来をも規定していることになります。

ニーチェが「力への意志」の第一巻の表題に選んだ「ヨーロッパのニヒリズム」というのは、インドのニヒリズムとか中国のニヒリズムなどと区別されるヨーロッパのニヒリズムといったような意味でもなければ、単に十九世紀後半のヨーロッパを蔽《おお》った虚無的気分を名指しているのでもなく、ヨーロッパという文化圏、あるいはヨーロッパという歴史的共同体の過去・現在・未来を貫く根本的な歴史的運動を指す名称なのです。こうしてニーチェは、この第一巻で、病状の診断と病因の確認をおこない、第二巻以降でその治療手段を講ずることになります。

ニヒリズムの克服＝最高価値の批判

先ほどもふれたように、現在の心理的状態としてのニヒリズムを克服するには、神の死を、つまり最高価値の喪失を消極的に嘆くだけではなく、これら最高諸価値を、もともとそんなものは存在しなかったのだと積極的に批判し否定しなければなりません。ニーチェは「最高価値の批判」と題された第二巻でこれをおこなおうとするのです。もっとも、彼がここでおこなっているのは、最高価値そのものの批判というより、そうした最高価値を設定してきたこれまでの価値定立の仕方、つまり超自然学《メタ・フュシカ》（形而上学）を本領とする哲学、キリスト教に代表される宗教、そして生を抑圧する禁欲を標榜《ひょうぼう》するストア派以来の道徳に対する批判であり、「プラトニズムの逆転」「形而上学の克服」を企てるのです。

こうして、従来この感性的世界に価値や意味を与えてきた超感性的な最高諸価値がことごとくその本質を暴露され否定されると、あとに残っているのは、当面まったく無価値無意味にしか見えない感性的世界だけということになります。しかしニーチェは、この世界が存続するためには、従来の価値体系に代わるまったく新たな価値体系が必要だと主張します。その新しい価値体系は、単に従来の価値体系を転倒させ、これまで無価値だと見られてきたものに価値を認め、これまで価値があるとされてきたものを無価値と見るといった程度のものではありません。むしろ「価値」という概念そのものを定義しなおし、その新たな概念にもとづく価値定立の仕方そのものをも新たに考えなければなりません。いや、それに先立って、そうした新たな価値概念を探しもとめ、新しい価値定立の仕方を模索するための「原理」を探さなければならないのです。それが第三巻の課題です。

新たな価値定立の原理

では、その原理はどこにもとめればよいのでしょうか。もはや残っているのは、この感性的世界つまり自然だけですから、そこにもとめるしかありません。この自然は、たしかにかつてのように超自然的原理が設定されているときは、それによって形を与えられる惰性的な質料（ヒュレー／マーテリア）、つまり物質（マテーリアル）でしかありませんでした。

しかし、そうした超自然的原理がことごとく否定されたいま、自然はふたたび自分自身のうちに生成力をとりもどし、おのずから生きいきと生成していくものになっています。ニーチェは、新たな価値定立の原理を、この生きた自然とも言うべき感性的世界の根本性格、つまり「生《レーベン》」にもとめるしかないと考え、それを「力への意志」と呼びます。

前に、一八八〇年代に入ったころニーチェがダーウィニズムに触発されて、ショーペンハウアー流の生《レーベン》の概念――無方向な生命衝動としての「ディオニュソス的なもの」――を脱して、新たな生《レーベン》の概念を獲得したと述べましたが、この「力への意志」がそれにほかなりません。そして、ここにはニーチェが若い日に古典文献学者として取り組んだ「ソクラテス以前の思想家たち」の「自然《フュシス》」の概念が反響していることも明らかです。

つまりニーチェは、古代ギリシア早期の生きた自然の概念を復権し、それを視座に据えてプラトン以来の物質的自然観とそれを基盤とするヨーロッパの文化形成をニヒリズムと断じ、批判的に乗り越えようと企てているのです。

ニーチェはなぜ価値転倒を企てたのか

それにしても、どうしてニーチェはこれほど壮大な視野に立ってヨーロッパの歴史を概観することができたのでしょうか。わたしには、昔からそれが不思議でなりませんでした。中世を視座にして近代ヨーロッパ文化を批判するとか、古典期のギリシア文化に視点を据えてローマ以降のキリスト教文化を批判するといった例ならありそうですが、古代ギリシアの悲劇時代に足場を据えてギリシア古典期以降の西洋の文化形成の総体を批判し乗り越えようとする企ては、それまで例がなく、瞠目《どうもく》に価《あたい》します。

ポスト・コロニアリズムとかオリエンタリズムといったことが普通に話題にされる今日ならともかく、十九世紀末のあの時代にこうした発想をするには、相応の心理的動機がなければなりません。空中から鳩《はと》をとり出すように、無動機に思いつけることではなさそうです。いったいニーチェのなかのなにがそうした発想の動機として働いたのか、少し寄り道をすることになりますが、ここでそれを考えてみたいと思います。

一冊の偽書――『妹と私』

ニーチェのこの発想の動機についてわたしが大きな示唆《しさ》を得たのは、おかしな話ですが、一冊の偽書からでした。

それは、ニーチェが精神錯乱を起こしたあと、イェナの大学病院に入院中の小康期に書いた原稿の英訳というふれこみで、《My Sister and I》という表題を付けられ、一九五一年にニューヨークで出版された、まことに怪しげな本です（一九五六年に『陽に翔《か》け昇る――妹と私――』十菱麟《じゅうびしりん》訳、ニイチェ遺作刊行会発行として、邦訳も出されました）。

長短さまざまな自伝的記述とアフォリズムから成っており、妹エリーザベトとの幼年期にはじまった近親相姦《インセスト》やルー・ザロメ、コジマ・ワーグナーとの情事の赤裸々な告白などもあって、読物としてだけでも面白いし、英訳を通して見てもある筆力が感じられ、あるいは？と思わせられます。本文二六〇ページを越える堂々たる本です。

この原稿が廻りまわって、十八巻本の最初の英訳ニーチェ全集を刊行したイギリスのニーチェ学者オスカー・レヴィの手に入り、彼の手で英訳され、「序文」を付されたということになっていますが、なにしろ刊行したのが悪名高いニューヨークの出版業者サミュエル・ロスですから油断はできません。この男には、イギリスで発禁になったジョイスの『ユリシーズ』や『フィネガンズ・ウェイク』を自分の雑誌に盗載したり、『ユリシーズ』の誤植だらけの初刊本を著者に無断で出版した前科があります。

しかも、同様に悪評の高いアンソニー・カムストックの創立したニューヨーク悪徳追放協会の会員に押しかけられ、ニーチェの直筆原稿は焼かれ、英訳原稿だけが残ったというのですから、ますます信用なりません。このカムストックは、「極端な道徳的検閲」という意味の Comstockery という言葉の語源になった人物です。

おまけに、一九六五年になってから、プリンストン大学のニーチェ研究家ワルター・カウフマンのもとに、デイヴィッド・ジョージ・プロトキンという贋作《がんさく》の専門家が、ロスに頼まれて自分がこの本を偽作したと名乗り出てきたといいます。はたして贋作者がこのプロトキンかどうかはともかく、この『妹と私』が偽書であることに間違いはなさそうです。

インセスト・タブー

しかし、『妹と私』という表題からもうかがえるように、この偽書はニーチェと妹エリーザベトの近親相姦《インセスト》を主題にしているのですが、これはわたしには偽作者の炯眼《けいがん》だったように思われます。インセストという係数を入れると、ニーチェの発想の謎《なぞ》がうまく解けるように思われるからです。

いや、この兄妹のあいだにそうした関係があったと主張したいのではありません。ただ、二人のあいだで交わされた手紙を見ても、妹の書いた兄の伝記を見ても、兄の恋人たちに対する妹の烈《はげ》しい嫉妬《しっと》を見ても、この兄妹が異常なほど親密な感情で結ばれていたことは確かであり、いつごろかはともかく、ニーチェのうちでもそれに近い心の動きが起こったであろうことは認めてよいと思います。

もしそうだとすると、すぐにも、インセストのなにが悪いのか、むしろインセストをタブーにしてきた文化の方がおかしいのではないか、古代のエジプトやペルシアのようにインセストをタブー視しない文化はいくらもあったじゃないか（これは事実ではないようですが）、といった疑問が頭をもたげてきて、インセストをタブーにする文化を総体として否定するような視点に立つこともできそうに思えます。

ニーチェは一度だけ『悲劇の誕生』の第九章で、インセストにふれて、「太古の、殊《こと》にペルシアの俗信に、賢明な魔術師は近親相姦《インセスト》からしか生まれえないというものがある」と言っています。

私は、インセスト・タブーに対するこうした反撥《はんぱつ》が心理的動機として働いて、ニーチェは西洋の文化形成の総体を批判的に見るような壮大な歴史的視野を開きえたのではないかと思っています。

価値とは何か

それはともかく、哲学的主著として計画された「力への意志」の第三巻「新たな価値定立の原理」においてニーチェは、「力への意志」と呼ばれる新たな生《レーベン》の概念をそうした原理として立て、それにもとづいて新たな価値体系の樹立を企てます。しかし、それは、このプランに付けられた「すべての価値の転倒の試み」という副題から想像されるように、これまでの価値体系を逆転し、これまで価値ありとされてきたものを無価値と見、これまで無価値とされてきたものを価値ありと見るというだけのことではありません。ニーチェは、新たな原理にもとづいて、価値の概念そのものを定義しなおし、それに従って新たな価値定立の仕方を構想しようと考えているのです。

　では、力への意志を原理にして考えたばあい、価値とはなんでしょうか。彼はこう定義します。

「〈価値〉という目安は、生成の内部での生の相対的持続という複雑な機構にかかわる確保と高揚の条件となる目安である。」

　ここで「目安」と訳した Gesichtspunkt《ゲジヒツプンクト》は、通常は見る者が立っている地点という意味での「視点」と訳される言葉であり、この断章も邦訳ではたいていそう訳されていますが、それではなんのことか分からなくなります。この言葉には、もう一つ、視線が向けられる点、つまり眼のつけどころ、着眼点、目安という意味があり、ここでは明らかにその意味で使われています。つまり価値とはなにかを見つもるためにつけられる目安だというのです。なにを見つもる目安でしょうか。生《レーベン》が自分の到達した現段階を確保し、そこから下落しないためにその現段階を見つもる目安と、これから高揚していく先を見つもるための目安です。

　それにしても、いまの引用文のうち、「生成の内部での生の相対的持続という複雑な機構にかかわる」というのはどういう意味でしょうか。

　前に言いましたように、生《レーベン》はつねに現にあるよりもより大きく、より強くなろうと生成しています。しかしそれは、けっして一気に上昇していくわけではなく、「相対的に持続しつつ」、つまりしばらくのあいだは到達した現段階にとどまった上で次の段階に高揚していくのです。「生成の内部での生の相対的持続」とはそういう意味であって、生《レーベン》は生成と持続とが入り組んだそうした「複雑な機構」をもっています。したがって生《レーベン》は、自分が到達した現段階を見つもり確保するための目安と、これから高揚していく次の段階を見つもるための目安という二重の目安、つまり二重の価値を設定しなければなりません。目安をつけ、価値を設定するその働きが価値定立作用なのですが、生《レーベン》には二重の価値定立作用がそなわっています。

「価値」とは、これまで考えられてきたような、それ自体で「妥当する《ゲルテン》」なにかではなく、あくまで生《レーベン》の機能でしかないと、ニーチェは主張するのです。

認識と真理

ところで、ニーチェの考えでは、このうち到達した現段階を確保するためにつけられる目安、そのために設定される価値が「真理」であり、それを設定する働きが「認識」なのです。通常、認識というのは真なるものを捉《とら》える働きであり、「真理」つまり「真なるもの」とは、たえず変化するわたしたちの感覚的経験の彼方《かなた》に、変わることのないものとして即自的に存在するものだと考えられています。これに対してニーチェは、そうした「真なるもの」とは、生《レーベン》が現段階を確保し、しばらくのあいだそこで自分を安定させるためにつける目安にすぎないのだと主張するのです。

「われわれは、われわれの確保の条件を存在一般の述語として投影してきた。高揚するためには、われわれはおのれの信念において安定していなければならないということから、われわれは、〈真の〉世界は転変し生成する世界ではなく、存在する世界であるということを捏造《ねつぞう》してしまったのである。」

「真である」「真に存在する」ということは、到達した現段階を確保し、そこで安定して持続するために、わたしたちが捏造し、実際には転変し生成している世界に投影し押しつける「述語」であり「目安」にすぎないのです。そして、その押しつける働き、目安をつける働きが「認識する」と呼ばれてきました。しかし、実際には、

「〈認識する〉のではなく、図式化するのである——われわれの実践的欲求を満たすに足るだけの規則性や諸形式を混沌《カオス》に課すのである。」

ここで「混沌《カオス》」と呼ばれているのは、たえず生成し変化しつつある世界のことでしょう。そうしたなかにいてはなかなか安定できません。そこで、その混沌とした世界に、現段階を確保しようとする生《レーベン》の欲求を満たすに足りる程度の規則性と形式を押

しつけ、いわばそれを「図式化」して、あたかもそれが静止した不変のものであるかのように思いこもうとするのが認識の働きであって、それはいわゆる「認識」、つまり変化する現象の背後にあるとされる「真に存在するもの」「真理」を把握する働きなどではけっしてないのだということを、この断章は言おうとしているのです。

「真理とは、それがなくてはある種の生物が生きていけないような一種の誤謬《ごびゅう》である。」

「実践《プラクシス》」というのも、もともとは生《レーベン》の遂行ということですから、「実践的欲求」というのも、生きていくための欲求といった程度のことでしょう。ニーチェは、「認識」も「真理」もそうした生《レーベン》の本質的機能に属するものだということを明らかにすることがニヒリズムの克服に必要だと考えているのです。しかし、それも必要な条件ではありますが、それだけでは十分ではありません。

芸術と美

というのも、「力への意志」を本質とする生《レーベン》にとっては、到達した現段階の確保も必要ですが、それよりも「より強くより大きく」生成し高揚することの方がもっと大事だからです。当然、現状維持のための価値定立作用である認識よりも、より高い可能性へ高揚するためのもう一つの価値定立作用の方が生《レーベン》にとってはいっそう重要です。ニーチェの考えでは、その高揚のための価値定立作用こそ「芸術」であり、それによって定立される価値が「美」にほかなりません。

「芸術は真理にも増していっそう価値が高い。」

「われわれは真理によって駄目になってしまわないために芸術をもっているのだ。」

現状確保だけに甘んじてしまえば、もはや生《レーベン》は生《レーベン》でなくなります。生《レーベン》にとっては、あくまで高揚することが重要です。しかるに従来の西洋の哲学は、芸術よりも認識を、美よりも真理を高みに置くことによって生《レーベン》を衰弱させてしまい、これが心理的状態としてのニヒリズムを招来したのです。その克服のためには、認識と真理を生《レーベン》の圏域に引きもどすとともに、認識と芸術、真理と美の優劣関係を逆転させなければなりません。芸術という価値定立作用と、それによって定立される美という価値こそが、生《レーベン》を刺戟《しげき》し高揚させるものだからです。

「芸術は生《レーベン》を可能ならしめる偉大な形成者であり、生《レーベン》への偉大な誘惑者であり、生《レーベン》の偉大な刺戟剤である。」

「芸術は……高揚した生《レーベン》の形象や願望による動物的機能の挑発であり、——生命感情を高めるもの、その刺戟剤である。」

ニーチェがこれらの断章でしきりに芸術を「刺戟剤」と呼ぶのは、かつて強い影響を受けたショーペンハウアーが、芸術をまったく無方向な生命衝動の「鎮静剤」だと言っているのを逆手にとってのことであり、ここにも、このころニーチェがショーペンハウアーの影響から完全に脱《ぬ》け出していたことがうかがわれます。が、それはともかく、ニーチェはすでに第一作『悲劇の誕生』においても、芸術の根源は「夢」と「陶酔」という二つの生理的現象として現われてくる生命そのものにひそむ芸術衝動にあると考えていましたが、ここでも芸術と美を一貫して生《レーベン》の機能として捉えようとしています。芸術はまさしく生《レーベン》の行手を照らし、それをいっそう高い可能性へ高揚させていく、生《レーベン》そのものに属する本質的機能であり、したがって生《レーベン》にとっても、現状確保の機能である認識よりもいっそう重要なのです。

肉体の復権

ところで、この時代にニーチェは、しきりに精神に対する肉体の優位を主張しています。

「本質的なことは、肉体から出発し、それを手引きとして利用することである。……肉体を信じることは精神を信じることよりもずっとしっかりした根拠をもっている。」

「肉体という現象は、より豊かな、より見透しのきく、より捉えやすい現象である。だから……肉体に方法上の優先権を与えるべきである。」

これも明らかに、デカルトが『方法序説』第四部で「精神は身体よりもはるかに容易に認識されるものである」と言っているのを逆手にとった言い方ですし、ここで「手引き」とか「方法」と言われているのは、世界解釈のための手引き、方法という意味に違いありません。プラトンやデカルトが典型的なかたちでおこなったような、肉体から浄化された「精神」を手引きにした超自然的（＝形而上学的《けいじじょうがく》）な世界解釈を否定して、肉体を手引きとする新たな世界解釈をニーチェは提唱しようとしているのです。

それというのも、芸術がなににも増して肉体の所業だからにほかなりません。ニーチェも、「芸術は潑剌《はつらつ》と花開く肉体性が形象や願望の世界へと溢《あふ》れ出、流れ出ることだ」と主張し、芸術において肉体に開かれる世界の姿を見とどけようというのです。こうしてニーチェは、肉体の機能、生《レーベン》の機能の最高次の実現である芸術を精神の圧制から解放し、認識に対するその優位を復権することこそがニヒリズム克服の決定的な処方だと見ていたように思われます。

「われわれの宗教・道徳・哲学は、人間のデカダンス形式である。——その反対運動が、すなわち芸術。」

「芸術は生《レーベン》の否定へのすべての意志に対する無比に卓越した対抗力にほかならない。すぐれて反キリスト教的、反仏教的、反ニヒリズム的なものにほかならない。」

わたしたちがいま問題にしているニーチェの最後期の哲学には、しばしば「権力意志」などという誤解されやすい訳語が当てられてきました。そのためこの思想がナチスのイデオロギーであるかのように受けとられたこともあったくらいです。しかし、その「力への意志」の哲学も、こうしてみると、美による救済、芸術によるニヒリズム克服の企てだったことになりましょう。芸術としてこそ最高度におのれを顕現することになる「力への意志」を原理にして、こうした「新たな価値定立」を試み、ニヒリズムを克服しようというのが、計画された第三巻のねらいでした。「訓育と育成」という妙な表題をもつ第四巻は、そのようにして樹立された新たな価値体系をどのようにして一般大衆に教えこむかという戦術論に当てられるはずでした。

価値思想

ついでにふれておきますと、ニーチェがここでもち出してくる「価値」という用語は、当時としてはきわめて斬新《ざんしん》なものだったようです。この言葉は、十八世紀後半にアダム・スミスによって経済学の領域で使われはじめ、この領域でも十九世紀後半にはマルクスやオーストリア学派のもとで重要な役割を果たしました。

どうやらニーチェはそれをいちはやく哲学の領域に摂取したらしく、このニーチェの決定的な影響を受けて、やがて十九世紀末から二十世紀初頭にかけてこの価値の概念がもっと広く文化的価値という意味合いで、新カント派のヴィンデルバント（一八四八—一九一五）やリッケルト（一八六三—一九三六）、それに価値現象学を提唱するマックス・シェーラー（一八七四—一九二八）らによって活潑に展開されることになります。ニーチェは、そうした決定的時点で、やがて流行語になるこの用語を駆使していたことになりましょう。

永劫《えいごう》回帰思想

通常ニーチェの後期の思想のもう一つの主題とみなされている「等しきものの永劫回帰」の思想と、いま問題にしてきた「力への意志」の哲学との関係についても、一言だけふれておきたいと思います。

これまではよく、「永劫回帰」思想は一八八〇年代前半に書かれた大思想詩『ツァラトゥストラかく語りき』の主題であり、ニーチェは八〇年代半ばにそこから「力への意志」の哲学へ移行したのだといったように見られてきました。しかし、八〇年代後半になってもけっして「回帰思想」が放棄されたわけではなさそうです。それは残されている「哲学的主著」のさまざまなプランからも明らかです。

たしかに一八八五年ごろの計画では、この「主著」に「永劫回帰の哲学」という表題が予定され、「すべての価値の転倒の試み」という副題が付けられるはずでしたが、それが八六年ごろから「力への意志」という表題に変えられます。しかし、その後のプランでもどこかに「永劫回帰説」はふくまれています。八七年夏のプランでは、第二巻に「永劫回帰の教え、すなわちニヒリズムの完結としての、危機としての」という表題が付けられていますし、八七年末のプランでも第四巻に「永劫回帰」という表題が予定されています。「等しきものの永劫回帰」の思想と「力への意志」の哲学がけっして二者択一の関係にあったわけでないことは、ここからも明らかです。

「永劫回帰」と「力への意志」

といっても、正直に言ってわたしにも、ニーチェ最後期のこの二つの思想の関係がよく見えているわけではありません。わたしが信頼しているハイデガーはその『ニーチェ』講義でこの二つの名称の関係を次のように見ています。いまはそれをご紹介することでご勘弁いただこうと思います。

「「力への意志」という名称は、存在者がその「本質」（仕組）から見てなんであるかを告げており、「等しきものの永劫回帰」という名称は、そうした本質をもつ存在者が全体としてどのようなあり方をしていなければならないかを告げているのである。」（『ニーチェ』Ⅱ、二七三ページ）

　これが言わんとしているのはこういうことです。つまり、ニーチェの言うとおり、「この世界は力への意志であり――それ以外のなにものでもない」のだとすれば、つまり存在者の全体が「力への意志」を「本質存在《エッセンティア》」にしているのだとすれば、それは全体としてつねに現にあるよりもより強くより大きくなろうと生成しているわけですが、そんなふうに生成していっていったいどこにいきつくのでしょうか。かつて想定されていたような超感性的最高価値といった目標は、いまやすべて否定されてしまいました。となると、存在者の全体はそんなふうに生成しながらも、結局はおのれ自身に回帰するしかないことになります。「等しきものの永劫回帰」というのは、「力への意志」を「本質存在《エッセンティア》」とする存在者の全体のそうしたあり方、つまり「事実存在《エクシステンティア》」を名指そうとするものだ、とハイデガーは主張しているのです。

ニーチェの限界

もっともハイデガーは、本来「単純なもの」である「存在」（ある）を、ニーチェが依然としてこのように「本質存在」（である）と「事実存在」（がある）とに分けて考えているところにニーチェの思索の限界があり、その意味でニーチェは形而上学（超自然的思考）の完成者ではあっても、その克服者ではなかったと言いたいようです。

ニーチェは、やはり最後期のある断章で、「力への意志」と「永劫回帰」とを結びつけ、次のような謎《なぞ》めいたことを言っています。

「要約――生成に存在の性格を刻印すること――これが力への意志の極致である。……すべてのものが回帰するとは、生成の世界を存在の世界へもっとも極端に近づけることであり――これが考察の絶頂である。」

ところが、ハイデガーはこの断章を引いた上で、ニーチェの思索の限界を以下のように指摘しています。

「永劫回帰の教説によってニーチェが彼なりの流儀で思索しているのは、蔽《おお》い隠されながらも、真の駆動力として西洋哲学全体を一貫して支配している思想にほかならない。ニーチェはこの思想を思索しつつ、彼の形而上学によって西洋哲学の始源に立ちかえる——もっとはっきり言うなら、西洋哲学がその歴史の経過中にそれが始源だと見慣らわしてきた始源に立ちかえるのである。ほかの点ではソクラテス以前の哲学を彼なりに根源的にとらえていたにもかかわらず、彼もまたその習慣にだけは同調したのである。」（『ニーチェ』Ⅰ、三四ページ）

　ハイデガーがここで言おうとしているのは、その他の点では「ソクラテス以前の思想家たち」に深い理解をもっていたニーチェも、究極の存在概念の規定に際しては、西洋哲学の真の始源つまり「ソクラテス以前の思想家たち」の存在＝生成《フュエスタイ》という存在概念にではなく、伝統的に始源だとされてきたもの、それを始源と見るのが習慣となってきたもの、つまりプラトン／アリストテレスの存在＝現前性《ウーシア》という存在概念にまでしか遡《さかのぼ》ることができなかった。「生成の世界を存在の世界へもっとも極端に近づける」回帰思想がその表われだ、とハイデガーは言いたいらしいのです。

　説明不足なので、これだけではよく分かっていただけないと思いますが、要するにハイデガーは、ニーチェが「ソクラテス以前の思想家たち」の「存在＝生成《フュエスタイ》」と見る存在概念、あるいは「生きた自然《フュシス》」の概念を復権し、それを拠点にプラトン以降の西洋の文化形成を根底から批判しようとしながらも、やはりプラトン／アリストテレスの「存在＝現前性《ウーシア》」と見る存在概念の束縛を脱しきれなかった、そこにニーチェの思索の限界があると見ているのです。

反哲学としての現代哲学

このように、必ずしもニーチェの思想を全面的に受け容《い》れるわけではないにしても、ハイデガーをはじめとする二十世紀前半の思想家たちは、多少なりともニーチェの「哲学批判」つまり「反哲学」の影響下にものを考えはじめ、いわば西洋哲学の、さらにはそれを軸とする西洋の文化形成の脱中心化にとりかかります。そうした「反哲学」としての現代哲学を、その批判の対象であるそれまでの「哲学」と同一線上に並べ、その展開として見ようとするのでは、思考のヴェクトルがまるで逆なのですから、なにがなんだか分からないことになりそうです。

事実、すでにハイデガーは、自分の思想的営為をもはや「哲学」と呼ばず、「存在の回想」つまり蔽い隠され失われた原初の存在の回想と呼んでいましたし、メルロ＝ポンティも晩年には正面切って「反哲学《アンチフィロソフィ》」を提唱していました。デリダも「哲学の脱構築《デコンストリュクシオン》」を説いています。二十世紀後半には、こうした反哲学の動きに刺戟されて、ポストコロニアリズムのような「西洋」の脱中心化・解体の具体的作業にも着手されました。こうした動きの起点となったハイデガーの思想だけを次章で見ておこうと思います。

第六章　ハイデガーの二十世紀

ハイデガーとナチズム

わたしが、ハイデガーの『存在と時間』を読みたい一心で哲学の勉強をはじめたことは、前にも触れました。永いあいだその著作や講義録を読んできましたが、二十世紀最大の哲学者はハイデガーだという確信は揺らぐことはありません。しかし同時に、いやな男だという面も併せもつ、厄介な問題を抱えた哲学者でもあります。

ハイデガーの哲学を評価する場合、どうしてもナチス加担の問題を素通りするわけにはいきません。彼が一九三三年ナチス政権成立直後にフライブルク大学の総長になり、同時にナチスに入党し、「闘う総長」などと呼ばれながら、ナチスに積極的に加担したことは事実です。このいわゆる「ハイデガー問題」は、一種のスキャンダルとして取り沙汰《ざた》され、偉大な哲学者の汚点とされていますが、ハイデガーがナチス、とりわけ突撃隊（ＳＡ）の支持者であったことは隠しようのない事実でしょう。ハイデガーの思想は、ナチズムと切り離して考えることはできないと思います。しかし、それがはたして本質的な結びつきか、ハイデガーの一時的な思い違いだったかは問題です。

と同時に、ハイデガーがユダヤ人差別政策の同調者でないことは、認めねばならないでしょうね。ハイデガーの周囲の人間は、ほとんどユダヤ人で占められていましたから、差別などしていたら、ひどい不自由を味わっていたはずです。

まず、先生のフッサール（一八五九―一九三八）や、弟子のカール・レーヴィット（一八九七―一九七三）、ヘルベルト・マルクーゼ（一八九八―一九七九）、ハンス・ヨーナス。恋人でもあったハンナ・アーレント。あるいは、同世代の思想家であるゲオルグ・ルカーチ（一八八五―一九七一）、エルンスト・カッシーラー（一八七四―一九四五）、ルードウイッヒ・ウィトゲンシュタイン（一八八九―一九五一）などもみなユダヤ人で、高弟のうちユダヤ人でないのは、ハンス＝ゲオルク・ガーダマーとオスカー・ベッカーくらいのものです。その点では、ゲルマン民族優生思想を説いたアルフレート・ローゼンベルクなどとはまったく違った路線に立っていました。

もちろん、ユダヤ人差別をしていなかったという理由で、ハイデガーのナチス加担の罪を軽くしようというつもりはありません。むしろ、一人の思想家として、ヒトラーやナチス党を領導して世界の変革を実現する、というような意図をもって政治的に行動していたはずですから、ある意味では確信犯です。現実には、突撃隊を率いたエルンスト・レームの失脚によってその試みが頓挫《とんざ》してしまい、政治的な状況判断においては素人《しろうと》だったわけですけれども。

同化ユダヤ人問題

ハイデガーの周囲にユダヤ人が多かったからといって、彼が特にユダヤ人を優遇したというわけではなく、ちょうど第一次大戦後、ユダヤ人の社会的地位が大きく変わった時期だったせいでしょうね。彼のまわりに集ったのはみな「同化ユダヤ人」です。「同化ユダヤ人」とは、完全にドイツ社会に同化して、ユダヤ人としての自覚をもたない「非ユダヤ人的ユダヤ人」と呼ばれた人たちです。ヨーロッパでは、フランス革命以降、ユダヤ人にも同等の市民権を与える解放が積極的に推進されましたし、ドイツ語圏にはユダヤ教を捨ててキリスト教に改宗したユダヤ人がたくさんいました。

十九世紀のはじめ、最初にゲットーを出た第一世代には金融業などで財を成す人が多く出ました。その子どもである第二世代は、政治家や軍人などの職業にはつけないため、文化芸術の分野に進出します。ハイデガーの弟子のほとんどは「同化ユダヤ人」であり、第二世代のコスモポリタン的知識人でした。もっとも、学問の世界でも、同化ユダヤ人は第一次大戦前、大学のポストを得るのにもかなり不利だったのですが、裕福な家庭が多く、十分な教育を受けていて、東欧から差別されてドイツ圏に逃げこんでくる、ユダヤ人の伝統を強く遺《のこ》した東方ユダヤ人とは、同じ人種とはいえないくらい距離がありました。

ところが、第一次大戦後、同化ユダヤ人が欧米で金融や貿易の国際的なネットワークを築き上げたため、インフレと不況に苦しむ零細な家族経営企業ばかりのドイツの国内資本は圧迫を受けます。なにしろ、アビ・ワールブルク（英語読みウォーバーグ）の生家やロートシルト（英語読みロスチャイルド）家などは、ニューヨーク・ロンドン・ドイツ・フランス・オーストリアに資本を分散していたというのですから、ドイツ民族資本など土台勝負になりません。その上、東方から難民がどんどん流入してくるというわけで、次第にユダヤ人に対する怨嗟《えんさ》の声が高まってきました。ですから、ドイツに反ユダヤ主義が台頭していくのは、さほど不自然な流れではなかったのです。

突撃隊は、ユダヤ人商店の焼き討ちなどをやって庶民の支持を集めたわけですが、これは必ずしも「血の純潔」みたいな理屈を信じたからだけではありません。無慈悲に利益を追求するユダヤ人巨大資本への反感のために、ナチス支持が広がったようです。このあたりにふれるのは、戦後はタブーになっているようですが、だれかがしっかりした経済学的分析をしてくれるといいと思います。

ハイデガーについての誤解

ハイデガーは、長いあいだ著書はおろか、学術論文さえも書かないでいて、一九二七年になって突然『存在と時間』の上巻を発表し、これ一冊で哲学界における地位を確立しました。「一挙にしてドイツ思想界の形勢を変えた」と言われるほどの衝撃を与えた本でした。

そこで、この『存在と時間』上巻をハイデガーの主著と見、そこで展開されている人間存在の分析を彼の中心思想だとして、彼を実存哲学者と呼ぶようになりました。

ハイデガー自身、出版直後から終始一貫、この本の究極のねらいが「存在論の根本問題」つまり「存在一般の意味の究明」にあるのであって、人間存在（彼は「現存在」と呼びますが）の存在構造の分析はそのための準備作業にすぎないと言いつづけています。「存在一般の意味」とは、「〈ある〉ということは一般にどういう意味か」ということで、けっして人間存在には限られません。

ですから、『存在と時間』の主題が人間存在の分析であり、これがハイデガーの主著であり、したがってハイデガーは実存哲学者だと見るのは間違いなのです。しかし、これまでのハイデガーの研究者の大半がこうした見方をしてきましたし、いまだにこうした見方をしている人の方が多いと思います。

どうしてこんな間違った見方が通用してきたかというと、『存在と時間』は未完成の書であり、肝腎《かんじん》の本論をふくむ下巻が出されないでしまったのに、それを考慮せず、既刊の上巻だけで完結したものとして読んだからでしょうね。

しかし、その後続々と出された一九二〇年代の講義録や、いわゆる「ナトルプ報告」などを読めば、こうした見方が間違いだということは分かるはずなのですが、そうしたものを考え合わせる力がないからでしょうかね。これは、ハイデガーの思想形成を考えれば、もっとはっきりすると思います。

ハイデガーの思想形成

ハイデガーは、ドイツでも数少ないカトリック圏である南ドイツ、シュワーベン地方のメスキルヒという小さな町の教会の堂守の子に生まれました。初等中等教育を終えるとカトリックの奨学金をもらって高等学校に進み、卒業後イエズス会の修練士になろうとしましたが、病弱のため望みを果たせず、フライブルク大学の神学部に入ります。しかし、一年後には家族の反対を押し切って哲学部に転部しました。高校生のとき、父の友人のある司祭から、フランツ・ブレンターノ（一八三八―一九一七）の

『アリストテレスにおける存在者の多様な意味について』（一八六二）という本をもらって読んだのが、哲学に関心をもつきっかけになったと言っています。もともとアリストテレス研究から出発した人なのです。

一九一三年に二十四歳で「心理主義における判断論」という卒業論文を書いて卒業しますが、この学生時代にヘルダーリン、ニーチェ、キルケゴール、ドストエフスキー、リルケ（一八七五—一九二六）、トラークル（一八八七—一九一四）、ディルタイ（一八三三—一九一一）といった人たちの作品を読み、大きな感銘を受けたと、後年回想しています。たしかに一九〇五年からドストエフスキーの独訳全集が刊行されはじめ、一九〇九年からはキルケゴールの独訳全集が、一九一〇年にはリルケの『マルテの手記』やニーチェの『力への意志』の全集版が刊行されるという時代だったのです。特にニーチェのこの遺稿集からは早くから強い影響を受けたようです。

フッサールとハイデガー

当時フライブルク大学の哲学科には、新カント派の一派、西南ドイツ学派の驍将《ぎようしよう》ハインリヒ・リッケルトがいました。ハイデガーの直接の指導教官はシュナイダーという無名の講師だったようですが、一九一五年二十六歳のとき、『ドゥンス・スコートゥスのカテゴリー論と意義論』という大学教員資格論文を書き、この年から私講師として講義をはじめました。この時代、アリストテレスを読むとなれば、トマス・アクィナスをはじめスコラ哲学者の注解を通して読むのが通常でしたので、ハイデガーのこの論文も広い意味でのアリストテレス研究の一環だったのでしょう。

一九一六年には、リッケルトがハイデルベルク大学に移り、その後任にゲッティンゲン大学にいたフッサール、〈現象学〉の提唱者のあのフッサールがフライブルクにやってきます。ハイデガーはすでにフッサールの『論理学研究』（一九〇〇―〇一）を読んで感銘を受けていましたから大喜びし、以後このフッサールについて現象学を学びはじめます。

フッサールははじめハイデガーに冷淡だったらしいのですが、第一次大戦敗戦後ハイデガーが兵役から大学にもどったあたりから、ハイデガーを溺愛《できあい》しはじめ、彼を名実ともに自分の現象学の後継者として遇するようになったようです。

もっとも、ハイデガーの方ではそんな気はなく、数学から哲学へ専攻を変え、あまり哲学史の素養のないフッサールの現象学のもつ意味を明らかにし、哲学史のうちにうまく位置づけてみせてやるというぐらいの気だったようです。それは、一九二〇年ごろから数年間ハイデガーと親しくしていたヤスパースの証言（『ハイデガーとの対決』児島ほか訳、紀伊國屋書店《きのくにや》）からも明らかです。

もう一つ、この時代のフッサールとハイデガーの現象学理解の違いを示す興味深い資料として、「ブリタニカ草稿群」と呼ばれているものがありますが、くわしく触れている暇がありません。関心のある方は、わたしの書いた『現象学』（岩波新書、七六ページ以下）をご参照ください。

カトリックからの離反

それはともかく、ハイデガーが『ドゥンス・スコートゥス』論を書いた一九一五年ごろから、彼の身辺に大きな変化が起こります。それはこの翌年、フライブルク大学神学部でカトリック哲学担当の教授人事があり、ハイデガーも候補にあげられ、彼自身その就任を強く望んでいました。彼の出自からすると、これが当時望みうる最高のポストだったのでしょう。しかし、結果は不首尾に終わりました。

当時（一九〇七年以来）モダニズム問題をめぐってカトリック陣営が真っ二つに分裂し、その烈《はげ》しい抗争がフライブルクにも及んでいましたが、ハイデガーがはっきり反教皇派のモダニズムのがわに与《くみ》していたことが原因だったらしく、フライブルク大学神学部への就職の望みはほぼ半永久的に断たれた感じだったようです。そのせいか、ハイデガーはこのころから、フライブルクのカトリック関係者との関係を疎遠《そえん》にしていきます。

一方、一九一七年ごろから幾度も繰りかえして、ドイツで最初のプロテスタント系神学部のつくられたマールブルク大学や、やはりプロテスタント圏のゲッティンゲン大学からフッサールのもとに、中世哲学や現象学の担当者としてハイデガーを採用したいという人事の引き合わせがきていました。

むろんそのつどハイデガーとカトリック教会との関係の深さが調査されます。悪く考えると、フライブルク大学への就職に見切りをつけたハイデガーが、プロテスタント圏の大学への就職をねらって、意図的にカトリック関係者との縁を断とうとしていたようにも思えます。

このころから、ハイデガーはアリストテレス研究のかたわら、パウロ、アウグスティヌス、ルター、キルケゴールといった思想家たちの思想に強い関心を示しはじめ、一九一九年に出され、弁証法神学に道を開いたスイスの牧師カール・バルト（一八八六―一九六八）の『ロマ書』注解からも強い影響を受けます。こうした、プロテスタント神学への明らかな接近にもかなり意図的なところが見えますが、そのくらいのことをしかねない、ちょっといやらしいところがハイデガーにはあるのです。

こんなふうに、カトリックからプロテスタントへの関心の移動はありましたが、いずれにしてもこの時代のハイデガーの関心は神学に集中していたようです。一九二一年のレーヴィット宛《あて》の手紙で彼は、「私を創造的な哲学者の基準で計らないでくれたまえ。……私は一個のキリスト教神学者なのだから」と書いています。

ナトルプ報告

やがて一九二二年にハイデガーは、前後してゲッティンゲン、ケーニヒスベルク、マールブルクの三つの大学で助教授の候補者に選ばれます。マールブルク大学などは、一九一七年以来四度目で、しかも今度は中世哲学の担当者としてではなく、新カント派の一派マールブルク学派のパウル・ナトルプの後任の体系的哲学担当の候補者、つまり現象学の専門家として選ばれたのです。

しかし、ハイデガーは一九一五年の『ドゥンス・スコートゥス』論以来まったく論文を書いていないので、「目下準備中の著作」があれば、その原稿を見せてほしいと言われました。そこで彼は、一九二一―二二年冬学期の講義ノートを基に「アリストテレスの現象学的解釈――解釈学的状況の提示――」という題の報告書を作り、マールブルクのナトルプとゲッティンゲンのゲオルク・ミッシュのもとに送りました。これが通常「ナトルプ報告」と呼ばれるものですが、その後長いあいだどちらも所在不明でした。そのうち、ミッシュに送られたものが偶然発見されて、一九八九年の『ディルタイ年鑑』第六号に発表されました。

もっとも、当時ミッシュはこの報告を評価しながらも、そこにうかがわれる「強すぎる個性」を警戒してほかの候補者に決めましたが、マールブルクのナトルプはこれを高く評価し、翌一九二三年にハイデガーを助教授として採用し、ハイデガーはマールブルク大学に移ることになります。

『存在と時間』の最初の下書き

ところで、ハイデガーは後年この「ナトルプ報告」を、「『存在と時間』の最初の下書き」と呼んでいました。しかし、この報告書が発見されてみると、どうしてこのアリストテレス解釈が『存在と時間』の下書き」なのか、そうすっきりとは呑《の》みこめません。

そこでおこなわれているのは、アリストテレスの『ニコマコス倫理学』『形而上学《けいじじょうがく》』『自然学』のなかのいくつかのテキストの精密な解読作業です。わたしたちが読んだ『存在と時間』の既刊部とはなんの関係もありそうに思えません。

ここで「アリストテレスの現象学的解釈」と言われている「現象学的」というのもよく分かりませんが、どうやらこれは、トマス・アクィナスをはじめとするスコラ哲学者の注釈を通してアリストテレスを読むというカトリック系の伝統を離れて、アリストテレスのテキストを直《じ》かに読むという読み方を言うもののようです。これも、ハイデガーのカトリックからの離反の一つの表われだと思われます。

それにしても、この「ナトルプ報告」が『存在と時間』の最初の下書きだということになると、『存在と時間』の読み方も大きく変わってきます。

マールブルク大学でのハイデガー

しかし、それはもう少し後の話にして、一九二三年の秋にハイデガーはマールブルクに移ります。フライブルクでの私講師の時代、さっぱり論文は発表しないのに、講義の面白さみごとさが口コミで伝わり、全国から大勢の聴講者が集まっていましたが、そのうちカール・レーヴィットを中心とする四、五人がマールブルクについてきて取り巻きになったり、ハンス＝ゲオルク・ガーダマーのようにここで弟子入りする者もいたり、マールブルク赴任早々日本人の三木清も聴講にきたりします。二四年には、ケーニヒスベルクからまだ十八歳のユダヤ系の美人の女子学生ハンナ・アーレントもやってきて、翌年には妻子のある三十五歳のハイデガーといわば不倫の恋に落ちます。

マールブルクには、カール・バルトやゴーガルテン（一八八七―一九六七）の弁証法神学に強く共鳴しているプロテスタント神学者のルドルフ・ブルトマン（一八八四―一九七六）がいて、彼を中心にマールブルク神学者協会が組織されていましたが、ハイデガーは、積極的に彼らと交流し、「ヨハネ福音書」を読んだり、聖書解釈の新しい方法を示唆《しさ》し、大きな影響を与えたりします。ブルトマンはその影響下に聖書の〈非神話化的＝実存論的解釈〉を提唱することになりました。

こうして、しばらくはまるでプロテスタント神学者と見られても仕方のないような活動をするのですが、やがてハイデガーはブルトマン一派に距離を置くようになります。

それは、先生のフッサールが一九二八年に停年退職するその後任にハイデガーを推薦しようとしていることが分かってきたからのようです。カトリック圏のフライブルク大学に帰るということになれば、いくら哲学部だといっても、あまりプロテスタント臭を身につけているのは問題です。そのあたりがハイデガーのいやらしいところですが、おそらくそれを計算して、マールブルクの神学者たちと距離をとり、講義のなかで彼らに批判をくわえたりもするのです。

しかし、いくらなんでも、またプロテスタントからカトリックへというわけにはいきません。そこで彼は、今度は〈神学から形而上学へ〉という旗印を掲げます。たとえば一九二八年夏学期の講義などでは、「今日まさにこのマールブルクでは、無理やり模造された敬虔《けいけん》さと結びついて、弁証法の見せかけが特に肥大している」が、それよりは「むしろ無神論という安っぽい非難を受けた方がよい」とか、「真の形而上学者の方が、ありきたりの信者や教会のメンバーや、〈神学者たち〉より宗教的である」などと言っています。

こうした旗印のもとに書かれたのが『存在と時間』です。彼の企てはみごとに効を奏してこの本は大評判をよび、彼は一九二八年、フッサールの後を襲ってフライブルク大学哲学科の主任教授としてフライブルクに凱旋《がいせん》します。

ハイデガーには、どうもこうしたいやらしいところがあるのですが、しかし驚かされるのは、彼が多分に私利私欲のためにおこなうこうした変わり身、〈カトリック神学からプロテスタント神学へ〉〈神学から形而上学へ〉といった転進が、単に彼の個人的運命にとどまらず、それがそのまま一種世界史の運命になる、つまり時代の大きな流れになるというところです。やはり偉大な思想家であるゆえんでしょうかね。

「ナトルプ報告」と『存在と時間』

ところで、前にもふれたように、一九二三年の「ナトルプ報告」が『存在と時間』の「最初の下書き」なのだとすると、『存在と時間』の読み方も大きく変わってきます。それを考えてみましょう。

というのも、「ナトルプ報告」の本論であるアリストテレスのテキストの読解作業に当たるのは、『存在と時間』の構想で言うと、書かれなかった下巻にふくまれるはずの「テンポラリテートの問題群を手引きとして存在論の歴史を現象学的に解体することの概要を示す」という表題をもつ第二部ということになるからです。ここでは、カントからデカルト、スコラ哲学、アリストテレスと遡《さかのぼ》って、伝統的存在論の存在概念が検討されるはずでした。つまり、『存在と時間』の第二部は、「ナトルプ報告」の本論がふくらまされたものと見ることができます。

そうなると、『存在と時間』の第一部、それも書かれた第一、二篇は、「ナトルプ報告」の序論に当たる「解釈学的状況の提示」——つまり、アリストテレス解釈に際してとられる方法の説明——がふくらまされたもので、けっしてこの本の本論とは言えないことになります。

『存在と時間』の真の意図

「ナトルプ報告」でのアリストテレス読解から引き出されたいちおうの結論は、アリストテレスにあっては「〈存在する《ザイン》〉ということの意味は〈制作されてある《ヘアゲシュテルトザイン》〉ということだった」というものでした。簡単に〈存在＝被制作的存在〉と言ってもいいと思います。

四年後に出された『存在と時間』においても、「序論」第六節での内容予告によれば、書かれなかった第二部では伝統的存在論で承《う》け継がれてきた存在概念が検討され、近代のデカルトによっても「〈存在者《エンス》〉をつねに〈被造的存在者《エンス・クレアートゥム》〉として受けとっていた中世存在論の伝統がそのまま承け継がれている」し、しかも「被造性は〈制作さ《ヘアゲシュ》れてある《テルトハイト》〉というもっとも広い意味においては、古代の存在概念の本質的な構造契機なのである」ということを明らかにする予定だったようです。

つまり、アリストテレスの存在概念は、〈存在＝被制作的存在〉だったという「ナトルプ報告」の結論をふくらまし、『存在と時間』第二部では、その存在概念がその後の中世、さらに近代の存在論にも変様しながら承け継がれているということ、もっと簡単に言えば、アリストテレス以来西洋の伝統的存在論においては、〈ある《ザイン》〉ということを〈作られてある《ヘアゲシュテルトザイン》〉と見る同じ存在概念が一貫して承け継がれているということを明らかにする予定だったわけです。

しかし、そういうとき、ハイデガーの念頭には明らかにそれとは違う存在概念があったわけで、それは彼がたぶんニーチェから学んだにちがいない〈ある《ザイン》〉ということを〈成りいでてある〉、ギリシア語でならフュエスタイ、ドイツ語でならウェルデンと見る存在概念、簡単に言えば〈存在《ザイン》＝生成《ウエルデン》〉と見る存在概念であったにちがいありません。

ハイデガーは、ニーチェが注目していた古代早期の「ソクラテス以前の思想家たち」の存在概念と対比することによって、プラトン／アリストテレス以降の西洋哲学の存在概念を相対化し、そうした存在概念に足場を置いた西洋の文化形成を批判的に乗り越えようと企てていたのだと思われます。

『存在と時間』挫折《ざせつ》の原因

では、どうしてハイデガーは、この『存在と時間』を完成することができなかったのでしょうか。ですが、それを考える前に、やはり当初予定されていたこの本全体の構想を――少し簡略化して――見ておきましょう。

『存在と時間』

〈上巻〉

序論

第一部　現存在を時間性へ向けて解釈し、時間を存在への問いの超越論的場として究明する

第一篇　現存在の準備的な基礎分析

第二篇　現存在と時間性

〈下巻〉

第三篇　時間と存在

第二部　テンポラリテートの問題群を手引きとして存在論の歴史を現象学的に解体することの概要を示す

第一篇　カント

第二篇　デカルトから中世存在論へ

第三篇　アリストテレスと古代存在論

このうち一九二七年に刊行されたのは上巻、つまり第一部の第一、二篇だけで、たしかにそこではもっぱら現存在の分析がおこなわれています（前にも言ったように「現存在」とは「人間存在」のことです）。

第二部は、先ほどふれたように、時系列を遡りながらおこなわれる歴史的考察です。となると、この本の真のねらいだという「存在一般の意味の究明」がおこなわれる本論になるのは、第一部第三篇の「時間と存在」しかありません。これは下巻にまわされました。

しかし、どうして現存在の分析、それも時間性つまりその時間的構造へ向けての分析が、「存在一般の意味の究明」の準備作業になるのでしょうか。〈存在する〉ということを〈作られてある〉と解するか、〈成りいでてある〉と解するか——これをハイデガーは〈存在了解〉と呼びますが、それと現存在の分析とはどういう関係にあるのでしょうか。

どうやらハイデガーは、現存在が〈存在する〉ということをどう了解するか、つまり〈存在了解〉は勝手気ままにおこなえることではなく、現存在が自分の存在の時間的構造をどう組みあげるか、つまり未来や過去とどう関わりあうか、たとえば流れるにまかせるように生きるか、それとも積極的に立ち向かっていくような生き方をするかということと密接に連関している、つまり「時間と存在」は密接に結びついていると考えていたらしいのです。

ところが、第一部第一、二篇でおこなった現存在の分析に、第一次大戦敗戦後の時代の実存主義的気分があまり濃厚に盛りこまれすぎ、それだけが独立して圧倒的な影響力をもってしまって、どうもうまく第三篇「時間と存在」に書き継げなくなってしまった――これが、『存在と時間』中断の原因だったと思います。

「最初の下書き」だと言われる「ナトルプ報告」の構成と対比して考えると、『存在と時間』でハイデガーがもともと目論《もくろ》んでいたのは、アリストテレスの存在概念が〈存在＝被制作的存在〉であったことを明らかにし、それが中世のスコラ哲学を経て近代のデカルトやカントにまでどんなふうに承け継がれてきたかを追究し、その存在概念と〈存在＝生成〉と見ていた「ソクラテス以前の思想家たち」の存在概念とを突きあわせ、いわば相対化しようというところにあったのだと思われます。

そして、そうした歴史的考察の立脚点として「時間と存在」の密接な関係を確認する、そのための準備作業として現存在の存在をその時間的構造に照準を合わせて分析するという手続きをとったのですが、それがうまくいかなかったということなのでしょう。

『現象学の根本問題』

ハイデガーは、一九二七年の四月、『存在と時間』上巻を刊行した時点ですでにそのことに気づき、四月からはじまるこの年の夏学期の講義で、『存在と時間』のやり直しと見てよい『現象学の根本問題』という講義をおこないます。この講義録は一九七五年に刊行されはじめた『ハイデガー全集』の第一回配本に当てられた重要な講義録ですが、その本文第一ページ目に、「『存在と時間』第一部第三篇の新たな仕上げ」と注記されています。むしろこれは『存在と時間』全体の書き直しと見てよいと思いますが。

ここでハイデガーは、『存在と時間』の構成をそっくり逆にして、まず歴史的考察をおこない、次いで『存在と時間』でなら第一部第三篇の「時間と存在」に当たる本論、最後に現存在の分析という順序で話を進めようとしています。

『存在と時間』は、発想の順序を逆にして全体の構成を組み立てたために失敗したのだと思い、今度は発想の順序どおりに話を組み立てようとしたわけです。もっとも、この講義も途中で放棄されています。問題は話の組み立て方なんかにあったのではなく、もっと根本的なものだということに途中で気がついたからだと思います。

それはともかく、この『現象学の根本問題』の第一部では、『存在と時間』の第二部でおこなわれるはずだった歴史的考察、つまり伝統的存在論の存在概念の検討が、いっそう整合的におこなわれています。

というのも、『存在と時間』第二部では、カントやアリストテレスの存在概念の検討がおこなわれるべきところで、ハイデガーは彼らの時間論の検討に逃げようとしたらしいからです。ハイデガー自身、自分の企ての大胆さにたじろいで、逃げを打ったように思われます。それを、『現象学の根本問題』第一部では真正面からやってみせているのです。

ハイデガーの基本的意図

こうして、「ナトルプ報告」、『存在と時間』の未刊の下巻、『現象学の根本問題』の第一部と通して見ると、ハイデガーの意図は一貫しています。これに、「ソクラテス以前の思想家たち」の存在概念の検討をした一九三五年夏学期の講義『形而上学《けいじじょうがく》入門』（川原栄峰訳、平凡社ライブラリー）をくわえると、彼が一貫して伝統的存在論の存在概念を検討し、それが〈存在＝被制作的存在〉と見る存在了解に基くものであることを確かめ、さらにそれを古代早期の〈存在＝生成〉と見る存在概念と対比して相対化し、批判的に乗り越えようと企てていたことが見てとれます。

そして、一九三六／三七年の冬学期にはじまり、一九三〇年代の後半に継続しておこなわれた『ニーチェ』講義を読むと、ハイデガーの企てが、前に話しましたニーチェの構想を承け継ぐものだということも見えてきます。

そうなると、『存在と時間』既刊部でおこなわれた現存在の分析は、いわばこの意図に貫かれた本論に導入しようとした準備作業、しかもいわば失敗に終わった準備作業でしかなく、ハイデガーの思想の展開のなかでは一種の挿話《エピソード》的なものでしかなかったということになってきます。ですから、これをハイデガーの基本思想と見、『存在と時間』既刊部を彼の主著と考えたのではなにがなんだか分からなくなると思います。

さらに、ハイデガーの企てにはもっと奥があって、彼はその思想を展開することによって一種の文化革命を試みるつもりだったように思えます。

『存在と時間』とハイデガーのナチス加担

つまりハイデガーは、まずプラトン／アリストテレス以来、西洋の伝統的存在論において一貫して承け継がれてきた存在概念が〈存在＝被制作的存在〉と見るものであったことを明らかにします。

当然そこでは、〈存在するもの〉の全体が〈作られたもの〉あるいは〈作られうるもの〉、いわば制作の無機的な材料と見られます。自然を死せる物質（質料・材料としての物）と見る〈物質的自然観〉と言ってもいいかもしれません。〈西洋〉と呼ばれる文化圏での文化形成はそうした存在概念、そうした自然観の上に立っておこなわれてきたにちがいありません。

現代のいわゆる技術文明もそうした文化形成の必然的帰結だと見ることができましょう。ニーチェと同様に、おそらくこうした技術文明の先行きに絶望したハイデガーは、存在概念を転換することによって文化形成の方向を大きく転換しようと企てます。そのとき彼の念頭にあったのは、やはりニーチェに教えられた古代ギリシア早期の〈存在＝生成〉と見る存在概念だったにちがいありません。つまり、存在者の全体を生きて生成するものだと見る、いわば生きた自然の概念を復権することによって、文化形成の方向を転換しうると考えたものと思われます。

しかし、先ほどもちょっとふれたように、存在概念の転換、というよりその基底である存在了解の転換は、単なる頭のなかの操作ではなく、現存在の存在の時間的構造の転換と連動しています。つまり、自分の未来や過去との関わり方を根本から変える必要があるのです。

といっても、一人や二人の人間がその生き方を変えることによって、文化形成の基軸となる存在概念の転換が起こるなどということはありそうもありません。しかし、もし世界史を領導するような一つの民族がその生き方を変えるということになれば話が違ってきます。

おそらくハイデガーは、一時期ではあれ、ナチスの文化革命にそうした夢を懸けたにちがいありません。彼のナチス加担もここに絡《から》んでくると思います。彼は、「ドイツ民族の教師《プラエツェプトール・ゲルマーニアエ》」としてヒトラーに適切な献策をおこない、ナチスの運動を自分の思う方向へ進めるつもりでいたようです。彼が戦後、執拗《しつよう》に沈黙を守り、いわば反省の色を示さなかったのも、彼にしてみれば、自分の言うとおりにしていればナチスもアウシュヴィッツにいきつくようなことはなかったのに、というつもりがあったからでしょう。

むろん、すべてハイデガーの思いちがいであり、勝手な思いこみであったにちがいないのですが。しかし、いずれにせよハイデガーが『存在と時間』に、文化形成の方向を根本的に転換するといった壮大な夢ないし妄想を托《たく》そうとしていたことは確かなように思われます。

ハイデガーの挫折

話が前後しますが、前に述べたように、一九三三年にナチス政権が成立した直後、ハイデガーはフライブルク大学総長に就任し、同時にナチスに入党します。「偉大なるものはすべて、嵐《あらし》のなかに立つ」というプラトンの言葉を引いた、悪評高い「ドイツ大学の自己主張」という就任講演をしています。しばらくはナチスに積極的に加担するような講演をしたり論説を書いたりして、「闘う総長」などと呼ばれて得意になっていた気配があります。

前後して、ユダヤ人であった先生のフッサールが、一時的にであれ大学教授リストから名前を削られ、大学の施設も図書も利用できず孤独な生活を強いられていたのになんの援助の手も伸ばそうとしませんでしたし、一九三八年にフッサールが歿《ぼっ》したときも、葬儀にも出ていません。この時期、エドワルト・バウムガルテンのように、隣家に住み、家族ぐるみで親しくしていた友人をナチス教授連盟といったところに密告するといった、どう考えても不快な言動もしています。ナチスに入党するといったことは一種の政治的決断ですから、それなりの考えがあってのことでしょうが、こうした卑劣な言動は許す気になれないものです。ま、人柄に関してはいやな男だったという気がしますが、しかし、その書いたものや講義録を読むとやはり凄《すご》いと思わせられますから、ややこしい気持にさせられます。

当時ハイデガーが加担したのは、ゴットフリート・ベン（一八八六―一九五六）やエルンスト・ユンガー（一八九五―一九九八）やカール・シュミット（一八八八―一九八五）といった文学者や思想家たちと同様に、ナチスのなかでもエルンスト・レームの率いていた突撃隊路線のイデオロギーにでしたが、政権獲得まで街頭行動で力を発揮した突撃隊も、政権獲得後巨大産業資本と提携したり国防軍の支持をとりつけねばならないヒトラーにとっては邪魔な存在になってきていました。

政権獲得後のヒトラーは、ナチス革命は終わったと考えるゲッベルスや親衛隊（SS）を率いるヒムラーに肩入れし、その力を借りて、「下からの改革」を主張したり、真の革命はこれからだと「第二革命」を説いたりする突撃隊の排除にとりかかりました。この追い落しは、「長いナイフの夜」と呼ばれる一九三四年六月三十日の親衛隊による突撃隊幹部の惨殺《ざんさつ》で結着がつけられますが、すでに三三年の後半からはじまっており、大学の学生組織の指導部も当初の突撃隊系統から親衛隊系統に切り替えられていました。

就任直後は突撃隊系統の学生組織にバックアップされてうまくいっていたハイデガ

ーの学内行政も次第に思うようにいかなくなり、一年後の三四年四月には総長職から退かざるをえなくなります。結局のところ、ナチス内部の権力闘争で、ハイデガーはアルフレート・ローゼンベルクやエルンスト・クリーク、アルフレート・ボイムラーら人種主義を説く一派に敗れたということになります。

もっとも、総長辞任後もナチス党員ではありつづけましたし、ナチスの幹部養成機関でローゼンベルクと一緒に講義をしたり、一九三五年夏学期の講義（『形而上学入門』）でも最後の方で、「今日あちこちで国家社会主義の哲学だとしてもち出されているが、この運動の内的真理と偉大さとには少しも関わりのない哲学のごときは……」などと言い出したりしていますし、戦後になっても講義録のこの部分を削ろうとしませんでした。これは、ローゼンベルク一派の思想を指して言っているのですが、ナチズムそのものを否定したことにはなりません。

しかし、総長辞任後は政治の表舞台から隠退し、講義に精力を集中しはじめたことは確かで、このころからはじまったヘルダーリンやニーチェを主題にした一連の講義は実に充実したものです。

戦後のハイデガー

しかし、それでも、一九四五年の第二次大戦敗戦後ハイデガーは公職を追放され、大学を追われます。

一九三三年にパリに逃れ、四一年に渡米して、その地で著名な政治哲学者に成長した昔の恋人のハンナ・アーレントが一九五〇年に「ユダヤ文化再建委員会」から派遣されてドイツにもどってきて、ハイデガーと再会し、ヤスパースと協力してハイデガーの追放解除に尽力し、一九五一年にそれが実現します。それと同時にハイデガーは大学を退職し、あとは折々に講義や講演をしたり、ゼミナールを開いたりしながら、七六年まで、結構長い晩年を送ります。時折、ナチス加担やそのころの密告事件が再燃して厳しく責任を問われたりもしましたが、比較的平穏な晩年だったと言えましょう。

一九二五年にはじまり、途中長い中断期間をはさみながら、アーレントが歿する一九七五年まで、半世紀間つづいたハイデガー／アーレントの恋の物語もありますが、さんざん話題になりましたから、いまはいいことにしましょう。

『それはなんであるか——哲学とは？』

ハイデガーは一九五五年にフランスのノルマンディの小さな町で、『それはなんであるか―哲学とは？』という奇妙な題の講演をしています。彼はそこで〈哲学〉の定義らしいことをしているので、それを紹介しておこうと思います。彼はこんなふうに言うのです。

〈哲学《フィロソフィア》〉という言葉は、ギリシアにしか生まれなかった。だから、〈哲学《フィロソフィア》〉こそがギリシア精神の在り方を規定するものだし、それだけではなく、この〈哲学〉が、このギリシア語の響きとそれによって名指される特殊な知の在り方を承け継いだ「われわれ西洋＝ヨーロッパの歴史のもっとも内奥《ないおう》の根本動向」をも規定することになったのだ。逆に言えば、「西洋＝ヨーロッパだけが、その歴史のもっとも内奥の歩みにおいて根源的に〈哲学的〉なのであり」、したがって〈西洋哲学〉とか〈ヨーロッパ哲学〉というのは同語反復でしかない、と言うのです。

そして、西洋＝ヨーロッパの歴史の内的歩みが〈哲学的〉だということは、この歴史の歩みから諸科学が発展してきたことによって証言される、とハイデガーはつけくわえます。近代ヨーロッパにおける科学知や科学技術の成立も、〈哲学〉と呼ばれる特殊な知を形成原理にしてきた西洋＝ヨーロッパ文化の必然的な帰結だと言いたいのでしょう。

しかし、〈哲学〉という特殊な知を育成したギリシア＝西洋＝ヨーロッパがすぐれた文化で、それをもたなかった文化は劣っているなどと言いたいわけではなさそうです。

〈哲学《フィロソフィア》〉に先立つ偉大な思索

その証拠にハイデガーは、西洋＝ヨーロッパの歴史の根本動向を規定したと言う〈哲学《フィロソフィア》〉に明確な時代的限定をくわえます。

彼の考えでは、アナクシマンドロスやヘラクレイトスやパルメニデスに代表される「ソクラテス以前の思想家たち」は、〈叡知《ト・ソフォン》〉を愛する《フィレイン》「アネール・フィロソフォス(叡知《えいち》を愛する人)」ではあったが、「哲学者《ホ・フィロソフォス》(愛知者)」ではなかったし、彼らの思索も「叡知を愛すること《フィレイン・ト・ソフォン》」ではあっても「哲学《フィロソフィア》」ではなかった。彼らは哲学者よりも「もっと偉大な思索者」だったのであり、「思索の別の次元」に生きていたのだ、と言うのです。

「〈哲学〉への一歩はソフィストの思考によって準備され、まず最初ソクラテスとプラトンによって踏み出され」、「次いでアリストテレスが、ヘラクレイトスののちほとんど二世紀を経てから、この一歩を次のように定式化した。〈事実、かつても今もまたこれからも、絶えることなく、(哲学が)そこへ向かう途上にありながら、いつも繰りかえしそこへ通じる道を見いだせないでいるもの、それは（つまり問われているのは）存在者とはなにか、という問いである〉」。そして、ソクラテス、プラトン、アリストテレスのもとではじまったこの〈哲学〉は、たしかに「その後二千年間に多様に変化はしたが」、しかし「アリストテレスからニーチェにいたるまで、その変化を超えて、またその変化を貫いて、同じものでありつづけてきた」と、ハイデガーは見ているのです。

では、ハイデガーは、ヘラクレイトスやパルメニデスによって代表される「別の次元に属する思索」に対して、アリストテレスによって定式化され、以後西洋＝ヨーロッパの命運を規定してきたという「哲学」をどう位置づけようとするのでしょうか。ハイデガーは、「私たちはアリストテレスの定義にだけすがりついてはならず」、「哲学のそれ以前とそれ以後の定義を思い浮かべなければならない」と言っています。

ヘラクレイトスやパルメニデスの思索が〈叡知《ト・ソフォン》を愛すること《フィレイン》〉だと言われるとき、その〈叡知《ト・ソフォン》〉とは〈ヘン・パンタ〉ということだと言います。〈パンタ〉とは〈万物〉のこと、つまり〈すべての存在者《パンタ・タ・オンタ》〉のことであり、〈ヘン〉とは〈一〉、つまり〈すべてを一つにするもの〉のことです。ヘラクレイトスの言葉として伝えられる〈ヘン・パンタ〉は通常「万物は一つである」と訳されますが、ハイデガーはこれを

「一なるもの〈存在〉がすべてのものを存在者としてあらしめる」、つまり〈存在〉という視点が設定され、その視野のうちに集《レゲイン》められるすべてのものが〈存在者〉として、つまり〈在るとされるあらゆるもの〉として見られるようになる、という意味だと考えます。〈存在〉とは〈一つに集《レゲイン》める働き〉であり、そういう意味で〈存在〉は〈ロゴス〉［ロゴスはレゲインから派生した名詞］だというのです。

一方、〈叡知を愛する《フィレイン》〉と言われるときのその〈愛する《フィレイン》〉というのは、ハイデガーに言わせると、ヘラクレイトスの言う〈ホモロゲイン〉、つまり一つに集めるその〈ロゴス〉に同《ホモ》調し、それに調和《ハルモニア》しつつ、そこに包みこまれているということなのです。

ハイデガーは、「存在者が存在のうちに集められているということ、存在の輝きのうちに存在者が現われ出ているということ、まさしくこのことがギリシア人を驚かせた」のであり、この驚《タウマツェイン》きがギリシア人を思索に駆り立てたのだが、その思索も当初は、自分のうちで起こっているそうした出来事をひたすら畏敬《いけい》し、それに調和し随順するということでしかなかったと言うのです。彼は、こんなふうにして開始された思索を「偉大な始まりの開始」と呼んでいます。

〈なんであるか〉という問い

しかし、やがてギリシア人がペルシア戦争に勝利して、アテナイを中心に隆盛を誇る〈古典時代〉に入ると、なんにでももっともらしい説明を与えようとするソフィスト的知性によって、この驚くべきことさえが当たりまえのことにされかけました。それに抵抗して、この驚くべきことをあくまで驚くべきこととして保持しつづけようとする少数の人びとが現われてきます。ソクラテスやプラトンがそうです。彼らは、〈叡知《ト・ソフォン》〉を意識的に探しもとめ、存在者の統一を可能にしているものは〈なんであるか《ティ・エスティン》〉と問おうとします。

しかし、ハイデガーに言わせれば、存在に随順し、それと調和し、そこに包まれて生きるということと、この存在をことさらに〈それはなんであるか〉と問うこととは、まったく違ったことです。というのも、そんなふうに問うとき、すでに始原のあの調和は破れてしまい、問う者はもう始原の統一のうちに包みこまれたままでいることはできません。

こうして、〈叡知《ト・ソフォン》〉との調和がそれへの〈欲求《オレクシス》〉、それへの〈愛《エロス》〉に変わり、〈叡知を愛すること《フィレイン・ト・ソフォン》〉が〈愛知《フィロソフィア》＝哲学〉に変わってしまいます。プラトンによって準備された知のこの欲求・探求がアリストテレスによって、「(存在者であるそのかぎりでの) 存在者とはなにか《ティ・ト・オン》」という問い、つまりは「存在とはなにか《ティス・ヘー・ウーシア》」という問いに定式化されたのです。ハイデガーは、このプラトン/アリストテレスの〈哲学《フィロソフィア》〉をギリシア的思索という「偉大な始まりの終焉《しゅうえん》」と見ています。

〈それはなんであるか〉という問い

では、なぜ、〈それはなんであるか〉と問うとき、存在との始原の調和が破れるのでしょうか。『それはなんであるか―哲学とは?』(Was ist das—die Philosophie ?) というこの講演の表題は凝った仕掛になっています。この表題は、普通に読めば〈哲学とはなんであるか〉という変哲もない意味になりますが、そこにはもっと深い意味がこめられているのです。つまりハイデガーは、〈それはなんであるか《ティ・エスティン》〉という問い方そのものが哲学に固有の問い方であり、こんなふうに問うときすでに、問われているものに対するある特定の態度決定がおこなわれてしまっていると言いたいのです。〈それはなんであるか〉という問いは、昔から〈本質存在《エッセンティア》への問い〉と呼ばれてきたものです。そこで問われているのは、問われているものの本質存在です。ということは、存在に関して〈それはなんであるか〉と問うとき、存在はすでに〈本質存在〉に限局されてしまっているということです。そのために、存在との始原の調和が破れたということのようです。ハイデガーがほかのところで言っていることを考え合わせると、どうやらそれはこういうことのように思われます。

つまり、存在するものの全体を、生きておのずから生成するものと見、自分もその一部としてそこに包みこまれ、それと調和して生きるときと、その存在するものの全体に〈それはなんであるか〉と問いかけるときとでは、存在者の全体へのスタンスのとり方がまるで違います。そんなふうに問うときには、問う者は問いかけられる存在者の全体の外の特権的位置、あるいはそれを超えた特権的位置に身を据えているにちがいないからです。

存在者の全体を生きて生成するものと見るか、それを認識や制作のための死せる対象や材料として見るか、その見方も決定的に変わります。ハイデガーは、「哲学者よりももっと偉大な思索者たち」による別の次元の「思索」から、〈それはなんであるか〉と問う「哲学《フィロソフィア》」への転換によって、そうした見方の変更が起こったと見ているようです。

存在への回想

そしてハイデガーは、こうした哲学を基底に据えておこなわれてきた〈西洋〉の文化形成の先行きに絶望し、その「破壊《デストルクツィオン》」を主張します。この小さな講演でも、「破壊とは、壊滅することではなく、取払う《アプバウエン》こと、取去る《アプトラーゲン》こと、取片づける《アウフ・ディ・ザイテ・シュテレン》ことを意味します」、「破壊とは、伝承のうちで存在者の存在としてわたしたちにおのれを語りかけてくるものへわたしたちの目を開き、それを自由に解き放つことにほかなりません」と述べています。

ほかのところでも彼は、自分の思索の営みをもはや「哲学」とは呼ばず、「存在の回想」(Andenken an das Sein《アンデンケン・アン・ダス・ザイン》) と呼んだりしています。これをはっきり「反哲学《アンチ・フィロソフィ》」と呼んだのは、最後の時期にハイデガーの影響をかなり強く受け、急逝する直前にはフライブルクにハイデガーを訪ねる予定さえ立てていたという、フランスの哲学者モーリス・メルロ＝ポンティでした。やはりハイデガーの強い影響を受けたジャック・デリダも、伝統的な哲学(「現前の形而上学《けいじじょうがく》」)の脱構築《デコンストリュクシオン》を提唱していますが、これも一種の「反哲学」と見てよいと思います。

前にも述べたように、わたしも自分の共感してきたこれらの思想家たちの思想的営為を〈反哲学〉と呼び、いわばニーチェ以前の〈哲学〉と区別して考えてはじめて、それらをうまく理解することができましたし、非哲学的風土だと言われてきた日本で自分たちがおこなっている思考作業がなんでありうるかを納得できるようになりました。

反哲学《アンチ・フィロソフィ》と反人間主義《アンチ・ヒューマニズム》

実はハイデガーは、一九五五年のこの講演に先立って、一九四七年に反人間主義《アンチ・ヒューマニズム》(ドイツ語なら人間主義《フマニスムス》ですが、ここは英語でやります)を提唱していました。それには、こういう経緯があります。

第二次大戦が終結した一九四五年の年末に、フランスの思想家ジャン＝ポール・サルトル(一九〇五―八〇)がパリで『実存主義は一つのヒューマニズムである』(邦訳名『実存主義とは何か』伊吹武彦《いぶきたけひこ》訳、人文書院)という表題の講演をして、いわゆるフランス実存主義の旗上げをしました。そのときサルトルは、この実存主義の先駆者のひとりとしてハイデガーの名前を挙げたのですが、それに応《こた》えるようなかたちでハイデガーは、一九四七年に『「ヒューマニズム」について』(渡邊二郎訳、ちくま学芸文庫)という書簡体の論文を書きます。

ハイデガーはそこで、自分の思想は実存主義でもないし、ヒューマニズムでもない。むしろ結局は人間中心主義であるヒューマニズムを批判し、そのヒューマニズムの根幹をなす超自然的（形而上学的）思考の克服をはかる反《アンチ》ヒューマニズムなのだと言っているのです。この論文の表題《Über《ユーバー》 den《デン》〈Humanismus《フマニスムス》〉》は、『「ヒューマニズム」について』とも読めますが『「ヒューマニズム」を超えて』とも読めるのであり、ハイデガーにはそう読ませるつもりがあったようです。

　ここでハイデガーは人間よりも〈存在〉の方が、そしてその存在の住まいである〈言葉〉の方が先だと主張します。ただ〈存在〉と言われても、雲をつかむような感じですが、『存在と時間』の時代には〈存在了解《ザインスフエアシユテントニス》〉（〈ある〉ということをどう了解するか、〈つくられてある〉と了解するか、〈成りいでてある〉と了解するか）と言われていたものを思い出せばよいと思います。その後ハイデガーは、〈存在〉というものは、現存在（人間）がああ了解したりこう了解したり、現存在に左右することのできるようなものではなく、むしろ存在自体の方から現存在に、ああ現われてきたりこう現われてきたりするもので、現存在はそれを受け容《い》れるしかないと考えるようになり、それを〈存在の生起《ザインスゲシエーエン》〉と呼ぶようになりました。彼の考えでは、その〈存在の生起〉は〈言葉〉のなかで起こるのであり、だからこそ〈人間〉より〈言葉〉の方が先だと言うのです。

この〈存在の生起《ザインスゲシエーエン》〉という考え方から、その〈存在の生起《ザインスゲシエーエン》の歴史〉、つまり〈存在《ザインス》史《ゲシヒテ》〉などといった考え方が出てきて、人間の歴史つまり人間のその時どきのあり方も、この〈存在史〉によって左右されるのだという、歴史についての独特の考え方をもち出してくるのですが、話がややこしくなるので、ここでは立ち入りません。

しかし、ハイデガーのこうした考え方が、人間より構造が先だと主張し、やはり反《アンチ》ヒューマニズムを標榜《ひょうぼう》することになる二十世紀後半のフランスの構造主義やポスト構造主義の思想家たち、デリダやラカンやフーコーやドゥルーズといった人たちに大きな影響を与えたことは、ご存知の方も多いと思います。

ハイデガーの頭のなかでは、超自然的な思考様式（形而上学）としての哲学の克服、つまり〈反哲学《アンチ・フィロソフィ》〉と、いま述べた〈反《アンチ》ヒューマニズム〉とは連動していたわけですが、それがメルロ＝ポンティやデリダやフーコーといったフランスの思想家たちによって継承されたということになりましょう。

このあたりのこともっと立ち入って論じたいと思ってはいたのですが、予定していた分量をはるかに超えてしまいましたので、残念ですがひとまずここで打ち切り、他日を期すほかありません。

あとがき

この本は、「まえがき」に書いたようないきさつで、風元正さんにリードしてもらいながらできたものです。

テープを起こして、せっかく平易な文章にしてもらった原稿に、あとからさんざん手を入れたり書き足したりしましたので、話したものなら分かりやすいにちがいないという風元さんの当初のもくろみから大きくはずれてしまったのではないかと心配です。それでも、はじめから書いたものに比べると、やはり少しは分かりやすくなっているかもしれません。

しかし、校正刷になったものを改めて読みかえしてみて、いくつかの欠点にも気づきました。話したものは、どうしても繰りかえしが多くなります。整理して、そういう部分を削ろうかとも思いましたが、風元さんが、哲学の話など幾度も繰りかえしてもらわなければなかなか呑《の》みこめないものだから、いいんじゃないですかと言うので、そのままにしました。

もう一つの欠点は、談話というのはどうしても雑になり、四角い部屋を丸く掃くようなことになるところです。話が面倒になるのを避けようとして、適当なところで切り上げてしまいます。この本にもそういったところのあるのに気づきましたが、あとから補足するのは結構むずかしいものです。書いたものと話したもの、それぞれに一長一短があると思いました。

そこで、本書をお読みくださって、どうも話の辻褄《つじつま》がうまく合っていないと思われたり、この先話がどうなるのか気になったりされる方のために、わたしがこれまで書いた本をいくつか挙げておこうと思います。そのあたりの疑念を晴らしていただくのに役立ちそうですから。

哲学史については、
『反哲学史』（講談社学術文庫）
『わたしの哲学入門』（新書館）

ニーチェや現代哲学については、
『マッハとニーチェ』（新書館）
『現代の哲学』（講談社学術文庫）

最終章のハイデガーについては、
『ハイデガー』（岩波現代文庫）
『ハイデガーの思想』（岩波新書）
『ハイデガー「存在と時間」の構築』（岩波現代文庫）
『哲学と反哲学』（岩波現代文庫）

本書をつくるために終始ご尽力いただいた新潮社の風元正さんと足立真穂さん、そして『波』の連載をお読みくださった読者の方々に、厚くお礼を申し上げます。

二〇〇七年十月三十日

木田　元

名演奏家・木田元の秘密

三浦雅士

木田元著『反哲学入門』はまぎれもない名著です。もしも十代のときにこの本に出会っていたら、こちらの人生も違っていただろうと思う。若い時期にこの本に出会える人がまったく羨《うらや》ましい限りです。

『反哲学入門』の特色を一言でいえば、西洋の思想の歴史、とりわけその根幹であるいわゆる哲学の歴史が、鷲《わし》づかみにされていることです。まとまったひとつのものとして鷲づかみにされている。そのためにその全体像、その骨格がとてもよく飲み込めて、ああ、そうだったのかという気になってしまう。気になってしまうというのは、じつはこの鷲づかみにいたるまでの木田さんの——木田先生のと言いたいのですが、そうすると弟子がただ誉《ほ》めているだけだと思われそうなので止《や》めます——苦心惨憺《さんたん》があるわけで、その苦心惨憺を知るには、「あとがき」に挙げられている八冊の本、とりわけ『わたしの哲学入門』を読むといい。恐れをなすほどの蓄積が分かります。読者は、蓄積の成果のおいしい部分だけいただいているのです。もちろん、苦心惨憺とは言っても、同時にそれが快楽でもあったわけですが、それにしても、ああ、勉強というのはこんなふうにするものなのかと納得させてくれる本です。しかも不思議なことに、その迫力に圧《お》されて意気阻喪するというのではなく、じゃあ、こちらも頑張ろうという気分に導いてくれる。ぜひ参照してください。

驚づかみにされたその全体像を、木田さんは、「なる」と「つくる」という言葉を用いて、じつに巧みに説明しているわけですが、これこそ驚づかみにした人でなければできない芸当です。そうでなければこれほど大胆にして細心な説明はできません。

太古、自然に向き合った人はそこにさまざまな生命の動きを感じたでしょうが、それはあくまでもそう「なっている」ものであって、誰かによって「つくられた」ものであるとは思わなかったでしょう。そのことはギリシア神話や日本神話、あるいはゲルマン神話などを見ても分かります。ところが、それを「つくられた」ものとして考える人々が、ほとんど突然、登場したというのです。とすれば、つくるときの設計図のようなもの、すなわち理想があったはずだということになります。そして、この世にあるものはすべて、その理想の写しだということになる。プラトンのイデアという考え方がそれですが、これは驚くべきことです。弟子のアリストテレスから見ても、それはギリシア古来の考え方ではないと思えたというのです。

プラトンがこの考え方に立った背景には、やがてキリスト教やイスラムへと展開するユダヤ教という一神教の影響があっただろうと、木田さんは示唆《しさ》されています。これはたんなる示唆ではありません。その後に、プラトンとその強い影響を受けたアリストテレスの思想が、キリスト教やイスラムの教義を形成するにとても大きな力を持ち、結局はそれが現在の西洋世界をかたちづくることになるからです。木田さんは、そこに「つくる」思想の必然的な流れを見ているのです。

このいわゆる西洋哲学と言われるものの成り立ちは、考えてみればとても不自然です。人間も自然の一部のはずなのですが、それを峻別《しゅんべつ》し、自然はあくまでも人間に利用されるべきものだと考えているからです。さらに精神と身体も同じように峻別され、身体もまた精神によって利用されるべきものだと考えられている。だからこそ、この哲学なるものを根底的に批判するニーチェ以後の思想家たちが登場するわけですが、それを同じ哲学という名で呼ぶのはおかしい、反哲学と呼ぶべきだ、そしてその観点から西洋の思想の流れの全体を把握しなおすべきだと、木田さんは考えたわけです。

とても分かりやすい説明ですが、じつはこの分かりやすさには理由があるのです。

それは、先ほどこれは名著であると言いましたが、むしろ名演と言ったほうがいい、素晴らしい楽譜にもとづく名演奏と言ったほうがいいということです。楽譜というのは、「あとがき」に挙げられている八冊の本のことです。ほかにもあるのですが、ご自身が挙げられているのですから、とりあえずはこの八冊。名著ということでは、これらのほうがふさわしいかもしれない。文章がきりりと引き締まっていて、内容に隙《すき》がない、遺漏がないのです。大学の先生が読もうが、専門家が読もうが、異論の差し挟みようがないように出来ている。

本書『反哲学入門』に隙があるというのではありません。性格がちょっと違うのです。そのことはたとえば『反哲学史』と引き比べてみるととてもよく分かります。違いを一言でいうと、素晴らしい楽譜と、一回限りの名演奏の違いです。『反哲学入門』は生演奏の記録のようなもので、叙述にはっきりとした強弱がついている。ものすごいメリハリがついている。哲学の歴史の、どこが勘所か、ここだぞ、ここ、という声が聞えてくる。つまり、指揮しながら、そのつどオーケストラの団員に指示を出しているその様子が、手に取るように分かるようになっているのです。

本書執筆の前に木田さんは九死に一生を得た体験をされています。おそらくそのこともあるでしょう。気迫が違うのです。例を挙げましょう。第三章「哲学とキリスト教の深い関係」の次の一節。

要するにデカルトの言う「理性」は、神によってわれわれに分かち与えられたものであり、われわれ人間のうちにありながらもわれわれのもつ自然的な能力ではなく、神の理性の派出所とか出張所のようなものなのです。だからこそ、そこには個人差はなく「公平に分け与えられていて」、これを正しく使いさえすれば普遍的な認識ができるのであり、のみならず、世界創造の設計図である神の理性の出張所なのだから、これを正しく使いさえすれば、世界の奥の奥の存在構造を捉《とら》えることもできるのです。

強弱をつけるといったときのその「強」の部分がここです。同じ意味のことは『反哲学史』でも的確に語られているのです。でも、デカルトのいう理性というのは「神の理性の出張所」のことなんだよ、だから日本人にはとても分かりにくかったんだよ、というように、まるでライヴ・パフォーマンスというか、伝えたいことをまっすぐに伝えるというような表現、これほど直截《ちょくせつ》な表現ではなかった。『反哲学史』にせよ、『わたしの哲学入門』にせよ、あくまでも完璧《かんぺき》な楽譜なのですから。それに対して、本書『反哲学入門』には、とにかくその場で分からせようとする演奏の気迫がみなぎっているのです。
それにしてもこの単刀直入の指摘は人の度肝を抜きます。腑《ふ》に落ちすぎて、深く考え込ませます。管見では、東洋と西洋における理性の意味の違いをこれほど明瞭《めいりょう》に指摘したのは木田さんがはじめてで、これは瞠目《どうもく》すべきことです。
あるいは「弱」の部分でいえば、同じ章の、次の部分。

一般にこのころおこなわれていた「神の存在証明」というのは、神が存在するかしないかを論証しようというのではなく、神が存在することは決まりきったことなので、それをいかに論理的にうまく論証してみせるかという知的ゲームのようなところがありました。

これはどちらかというと小声で囁《ささや》いているような演奏ですが、これで腑に落ちること夥《おびただ》しい。論証とはすべて知的ゲームであって、神学だろうが野球だろうがマージャンだろうが、思考の行為としてはほんとは同じなのです。ただ賭《か》けるものが違う。それによって厳粛さが違ってくるのです。野球だって命を賭ければ人を感動させますし、政治だってそういう気迫がなければ人を呆《あき》れさせます。

同じ囁きは、たとえば、デカルトの頃までは普通の人にも分かりやすかった哲学が、カント以降、どうして分かりにくくなったかといえば、読者が学生や教授といった専門家になってしまったからだという指摘にも感じられます。たったこれだけの指摘で、学者たちの世界も人間の世界だということが分かって近づきやすくなる。

専門的な見地から言えば、これこそ知というものが制度的なものとしてあるということの端的な例であるということになるでしょう。知の制度化などという難しい言葉を使わずに、こんなふうに説明してくれればどんなに分かりやすかっただろうとも思わせます。学問は、それがプラトンたちのアカデメイアのような場で行なわれるときと、トマスたちのように教会で行なわれるときと、カントやヘーゲルのように大学で行なわれるときとでは、そのかたちがずいぶん違ってくる。ニーチェにしても、ずっと大学の先生であったのでは、あんなふうな哲学を生み出しはしなかっただろう。木田さんの囁きは、そういう示唆をも含んでいます。

名演奏と形容したのは、読後感がそれに近いからです。六楽章の交響曲を指揮者のすぐそばで聞いたような気分がする。しかも、さすがに名演奏、聞きながらさまざまなことを思わせ、考えさせる。そういう意味では本書は木田さんの到達点というよりも、何か、新たな出発点であるかのように感じさせます。

デカルトを主題にした第三章がとりわけそうです。本書のなかでももっとも重要な章ですが、現代哲学、いや現代の反哲学に関するきわめて有益な示唆がいたるところに潜んでいます。

数学によって世界を解釈しつくすというデカルトの考え方は言ってみればプラトン主義の貫徹ですが、むしろこの貫徹こそが、たとえばフーコーが『言葉と物』で語っている、その後の一世紀をかけて西洋文明を襲った知の切断の本質だったのではないかと思わせますし、そのデカルトの二十世紀における反復ともいうべきフッサールの現象学の本質だったのではないかとも思わせます。だからこそデリダが哲学の代表としてフッサールを取り上げ、それこそ反哲学としての脱構築によってそれを批判したのではないかと思わせる。つまり、いま現に起こっている思想の冒険についての見事な説明にもなっていると感じさせずにおかないのです。また、いま何をなすべきかを感じさせずにおかない。

それだけではありません。木田さんは、「なる」と「つくる」を説明するにあたって、丸山眞男《まさお》の説を紹介し援用していますが、同時に、丸山さんは西洋主義者、近代主義者であって、「つくる」論理の肩を持った人だということも明言されている。この文脈に丸山を置くだけでも興味深い丸山論なのですが、しかし、考えてみると、『反哲学入門』でありながら、そしてこれまでの日本の哲学を批判し反省する言葉を繰り返しながら、西田幾多郎《きたろう》も田辺元《はじめ》も和辻哲郎《わつじてつろう》も出てこない、丸山だけが出てくるというのは、これはいわゆる京都学派に対するかなり辛辣《しんらつ》な批判ではないかとも思えてくるのです。少なくとも、日本の思想を西洋の思想と対置することによってその理論を築いた丸山が、同じようなことをしたはずの和辻にほとんど言及していないことの不自然、また和辻も丸山に言及していないことの不自然を、はっきり感じさせる。つまり、日本の近代思想はいったい何であったのか、あらためて深く考えさせてしまうのです。

演奏の妙ということでは、最後に、ハイデガーと言葉という主題がかすかに、しかし決定的に響いて終えられるところも凄《すご》い。木田さんには、『なにもかも小林秀雄に教わった』という本がありますが、それを思い出させます。丸山眞男が「つくる」側に加担したとすれば、小林秀雄は「なる」側に加担した人。そして本居宣長《もとおりのりなが》の「言葉」を最後に問題にした人です。そういうことも考えさせる、じつに含みのある演奏なのです。

それにしても、こちらの感慨を一言付け加えれば、「なにもかも木田元に教わった」と言いたい気分。木田先生、ほんとうに有難うございました。

（平成二十二年四月、文芸評論家）

この作品は平成十九年十二月新潮社より刊行された。

反《はん》哲《てつ》学《がく》入《にゅう》門《もん》

新潮文庫　き－33－1

平成二十二年六月一日発行
平成二十四年六月十日六刷

著者　木《き》田《だ》元《げん》

発行者　佐藤隆信

発行所　株式会社 新潮社

郵便番号　一六二―八七一一
東京都新宿区矢来町七一
電話　編集部(〇三)三二六六―五四四〇
読者係(〇三)三二六六―五一一一
http://www.shinchosha.co.jp

価格はカバーに表示してあります。

印刷・大日本印刷株式会社　製本・憲専堂製本株式会社

ISBN978-4-10-132081-6 C0195